投資型保險

最重要的大小事

從保障到投資！
本書完整剖析投資型保險的
原理及相關知識，
讓你超越保險業務員和銀行理專，
做出最利己的理財規劃！

目錄

 前言

　　我在 2004/08/27 購買下人生中第一張投資型保險,但不幸於 2008 年金融海嘯時期因收到「保單帳戶價值」通知,發現自己的權益受損引發爭議。在問題獲得「圓滿」解決後我卻因誤打誤撞於 2012 年下半年進入保險業。進入保險公司後,我陸續取得 15 張專業證照,開啟了我的第二人生,變成現在的 CFP 國際認證高級理財規劃顧問(Certified Financial Planner)和 CSIA 證券投資分析人員(Certified Securities Investment Analyst,俗稱證券分析師)。從這件事來說,任何人只要有心願意花時間去了解保險條款、商品說明書和相關費用,還有研究投資標的,你也可以是投資型保險的專家。

　　本書是以富邦人壽官方網站的投資型保險,還有我自己和家人購買的保險為例來做說明。因為富邦集團是台灣市值最大的金融機構,除了其商品具有代表性,重點在於藉由網站上的公開訊息來了解投資型保險商品。因為投資型保險的條款,不但包含傳統型保險條款,且還多出了投資的條款和商品說明書。如果你還不懂投資型保險,看完本書之後,我認為你會有能力了解任何一家保險公司的所有人身保險商品,這就達到了本書的目的,你的程度會超越絕大多數的保險業務員和理專。

投資型保險和傳統型保險的最大差異

　　投資型保險,顧名思義就是可以自己選投資標的的保險,本質是保險而非投資。本書會提到投資型人壽保險和投資型年金保險:投資型人壽保險是以高額壽險保障為主,投資儲蓄為輔;投資型年金保險

並沒有壽險成分，全部以投資儲蓄為主。投資型保險，因保額和保費都可以隨時調整，因此可以兼顧人生不同時期的理財需求。

投資型保險和傳統型保險最大的差異，在於投資型保險中有個「分離帳戶」，帳戶內的保單帳戶價值是自己的錢，和保險公司無關；而投資型保險中的「一般帳戶」，就和傳統型保險無異。

傳統型人壽保險保單中會有「解約金、減額繳清和展期保險」這張表，金額是固定的，除非是利變型保險。但在投資型壽險保險就沒有這張表，解約金是依據保單帳戶價值來決定的。

本書主要是要談論「保險條款、商品說明書和相關費用，還有研究投資標的」。首先將保險本體的權利義務搞清楚，再來談投資，最後再來了解保險稅務。但因為一般人的保險金額不高，保險稅務可以忽略。而若有需要社會保險和商業保險的相關知識，可以參考我的書《最強保險搭配法則》。

傳統型人壽保險條款閱讀 3 大重點：名詞定義、保險範圍和除外責任，其他條款都大同小異。還要看懂「解約金、減額繳清和展期保險」這張表，只要掌握好重點，就可以輕鬆入門。但投資型人壽保險就複雜許多，除傳統型保險條款要了解之外，不但計費複雜，連投資也很複雜，還有商品說明書也要了解。

無論是傳統型或投資型的年金保險和傳統型或投資型的人壽保險相較之下，基本架構簡單許多，只要掌握累積期和給付期的年金給付算法即可。

自己不用功被騙，要怪誰？

雖然投資型壽險兼具投資與壽險的功能，似乎是「進可攻，退可

守」，但由於其複雜的程度，往往造成多數人是「進退兩難」的窘境。為什麼多數人買投資型保險的經驗都不好？尤其是年長者？主要都是因為搞不清楚收費方式和選錯標的，還有誤信業務員或理專「無風險和發大財」的讒言。

如果你也有這種困擾，可以按著本書中大量的圖說、解釋和範例試算，建構起自己投資型保險的成本和績效，選定適合自己的投資型保險商品，之後就不會抱怨，也不會說保險是騙人的。保險商品是中性的，會騙你的人只有保險業務員、理專或你自己，或是因為專業能力不足，無法識破風險，或是業務員、理專為賣保險賺錢而亂賣一通。

保險費可能是年繳 20 年或躉繳，一張保險總繳保費金額可能幾十萬元到幾百萬元。我們平常都要斤斤計較省吃儉用了，為何買保險這件事，大多數的人就是相信業務員或理專，只要簽名就好其他都不管，也沒要求業務員或理專要解釋條款，也沒要求業務員或理專要有投資能力和相關證照等等，30 分鐘就被 CLOSE。等到「自認為」被騙了，才又抱怨連連。另外，投資型保險的稅務問題也很複雜，許多打著保險可以節稅的業務員或理專，其中有些人也被告詐欺。

投資型保險的優缺點

投資型保險適合可承受風險的人，膽小者不宜購買；很複雜，喜歡簡單保險商品者也不宜。

投資型人壽保險是以壽險為主，投資儲蓄為輔，隨著人生階段可隨時調整內容，如果投資績效差，保險可能會提早失效結束。而投資型年金保險就是投資儲蓄。

越是年輕或本錢不夠多的人，長期逐漸投入資金進入投資型保

險，就可透過投資基金逐步累積保單帳戶價值。當然投資不保證賺錢，購買者要能忍受波動且選對基金，這得靠自己要勤做功課。若自己對投資沒把握，可以和有投資賺錢能力的顧問合作，長期而言，累積本利和的速度會比儲蓄險和年金保險更快。

閱讀前的小提醒

　　一開始讀者如果直接閱讀文字很吃力，建議可以先看舉例，然後看圖表公式，之後再回過頭來看文字，就可以更了解文字的意義。針對很長和很複雜的條文，我會盡量解釋清楚。有些重點，我會重覆提醒，讓大家容易閱讀和很快抓到重點。「法律是保護懂法律的人，保險是很專業、很硬」的東西，要習慣和看懂法律條文，才能得到應有的保障。

　　金管會預計於 2022 年第 2 季，對投資型保險的投資標的做出限制，監管力道大為加強。如果如期上線，可能會造成投資型保險的買氣降溫。到時，投資型保險的風險會更低，但投資報酬率可能也會降低。會不會讓投資型保險的客戶，轉移陣地回到利率變動型保險的懷抱，有待時間的驗證。

　　「保險」或「保單」或「保險單」，對我們都是同一件事。在學者專家或法律上，比較常用「保險」，而保險公司或個人，就常用「保單」或「保險單」。

　　再次提醒讀者，商品沒有絕對的好與壞，而是適合自己與否，弄清自己的需求是最重要的。做好資產配置的標的和比重，才能讓資產穩定增加。再次強調，看不懂的商品就不要買，不符合自己的需求的商品也不要買，以避免日後自己受傷。

第 1 章

投資型
保險概論

投資型保險概論

　　依據保險法第 13 條，保險分為財產保險和人身保險兩大類。而人身保險又區分為：人壽保險、健康保險、傷害保險和年金保險。本書只談人身保險，不談財產保險。

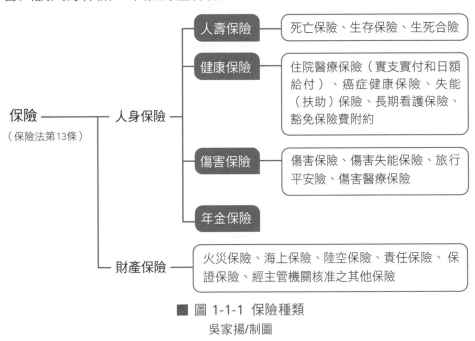

■ 圖 1-1-1　保險種類
吳家揚/制圖

保險種類補充說明如下：

一、人壽保險，又區分為死亡保險、生存保險和生死合險：

　　1. 死亡保險，以保險有效期間內，被保險人死亡為給付條件，可分為定期保險和終身保險，終身保險一定要能保障到 95 歲以上者才能「冠名」終身保險。

2．生存保險又稱儲蓄保險，以保險有效期間內，被保險人生存為給付條件，若於保險期間內死亡，保險公司不負責任。

3．生死合險又稱養老保險，以保險有效期間內，被保險人死亡或生存（保險期間屆滿）為給付條件。買了生死合險，就相當於買了定期保險和生存保險。

二、健康保險：投保目的在於用來彌補所得、醫療費用或看護費用的經濟損失。

三、傷害保險：意外事故發生的機率，通常和工作環境有關，和一定的年紀範圍內無關，保險費是以被保險人的職業類別為主。

四、年金保險：是保障被保險人生存期間或一特定期間內，定期給付約定金額的一種契約。主要是高齡化和少子化社會來臨、家庭結構和就業結構改變，還有國民所得提高和政府退休制度瀕臨破產等等因素，要在工作期間自做準備，提撥自己的退休金。

　　商業保險的細節和其他如微型保險或社會保險等等，本書就不提了，有興趣的讀者，可以參考我的書《最強保險搭配法則》。

人身保險商品定名

人身保險商品定名，應表明商品之主要性質。各險種標準名稱如下：

■ 表 1-1-1 人身保險商品定名

1.人壽保險	1.傳統型、利率變動型或萬能人壽保險	① 生存險稱○○○○（利率變動型或萬能）生存保險。 ② 死亡險稱○○○○（利率變動型或萬能）壽險。 ③ 生死合險稱○○○○（利率變動型或萬能）保險。
	2.投資型人壽保險	① ○○○○變額壽險。 ② ○○○○變額萬能壽險。 ③ ○○○○投資連（鏈）結型保險。
2.傷害保險	○○○○傷害保險	
3.健康保險	○○○○健康保險	
4.年金保險	1.傳統型、利率變動型年金保險	○○○○（利率變動型）年金保險
	2.投資型年金保險	○○○○變額年金保險

參考資料：人身保險商品審查應注意事項（第 2 條）
吳家揚/製表

人壽保險和年金保險，又可進一步區分為傳統型和投資型兩大類

傳統型保險，又可分為一般型和利率變動型。一般型是預定利率固定的保險商品，依據精算和當時利率，發行時就設定好不會變的。而利率變動型，有預定利率和宣告利率，預定利率不會變的，而宣告利率會隨著人環境利率變化而調整，每個月會在保險公司的官網做宣告。通常利率變動型因為有固定的預定利率做下檔保護，長期的投資報酬會較佳。

從 2000/11 發行第一張投資型人壽保險起，台灣進入投資型保險新紀元，投資型保險如雨後春筍般逐漸冒出來。投資型保險，目前只有投資型人壽保險和投資型年金保險，或許未來會開放更多的商品種類也說不定（見圖 1-1-2）。雖然經過 2008 年金融海嘯，投資型保險進入短暫的銷售不景氣，但近年來因為預定利率大幅降低和一大堆法規修正，讓傳統型保單變貴許多，也造成投資型保險銷售再度熱門起來。

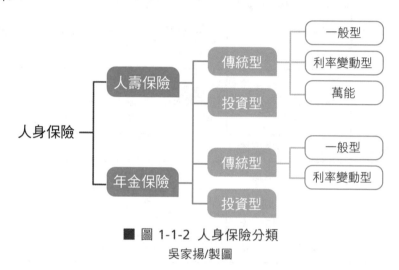

■ 圖 1-1-2 人身保險分類
吳家揚/製圖

投資型保險分類

　　投資型人壽保險中又可分為變額壽險、變額萬能壽險和投資連（鏈）結型壽險（又稱結構式債券保險）；而投資型年金保險只有變額年金保險。（見圖 1-1-3）

　　投資型保險投資標的是基金、ETF、貨幣或是非投資等級債券基金等等，而投資連結型保險比較特別，主要的標的物是結構型債券（Structured Notes）。結構型債券，是將傳統固定收益型產品與衍生性商品連結的一種新興金融工具。衍生性商品之投資連結標的十分

廣泛，舉凡匯率、利率、股價指數、遠期契約、選擇權或交換等均可
與結構型債券連結，其中又以選擇權較為常見。

依據財團法人保險事業發展中心從 2016 年到 2020 年的統計資
料中顯示，都沒有投資連結型保險，本書就忽略這個險種。

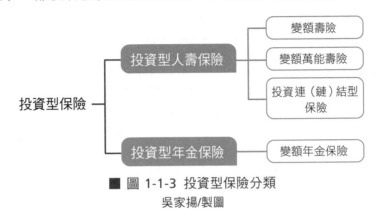

■ 圖 1-1-3 投資型保險分類
吳家揚/製圖

投資型保險概論

傳統型保險與投資型保險的最大差異

　　傳統型保險只有「一般帳戶」。而投資型保險，是一種將保險和投資結合為一的保險商品，本質上是一種保險商品，但設計為「一般帳戶」與「分離帳戶」，兩帳戶獨立運作。（見表 1-1-2）

■ 表 1-1-2 傳統型保單與投資型保單的差異

	傳統型保險	投資型保險
分類	人壽保險和年金保險	人壽保險和年金保險
保險保障	固定（缺乏彈性）	可變動（彈性較大）
完全失能或身故理賠金	固定	可變動
資金風險	保險公司承擔所有風險（投資風險、死亡風險、費用風險）	保戶承擔投資風險；保險公司承擔死亡風險和費用風險
透明度	低（一般帳戶）	低（一般帳戶）；高（分離帳戶）
特色	一般帳戶由保險公司統一操作，暴露在保險公司債權人的求償權之下	分離帳戶就是自己的錢，由保戶自由操作，直接享受投資效益，且不受保險公司債權人的求償權之下
現金價值	固定	隨分離帳戶內之價值而定
靈活度	低	高
法律	保險法	保險法、信託法、證券法、公平交易法、消費者保護法
利率影響度	固定，低利時代保費高	不受利率影響
保費	平準保費，繳費無彈性	自然保費，繳費有彈性
保額	保險設計時已確定	可隨時調整
繳費年期	固定	有彈性
帳戶價值	一般帳戶保證利益	一般帳戶保證利益；分離帳戶不保證獲利
購買需求	一般傳統保險需求	一般傳統保險需求和理財目標

吳家揚/製表

債權問題

　　一般帳戶適用傳統型保險，由保險公司統一操作，保證對保戶承諾保險責任，但曝露於保險公司債權人的求償請求權風險之下，適用保險法。分離帳戶是投資型保險特有，依信託法由基金保管機構管理，屬保戶專有，直接分享投資績效，無任何保證，且不受保險公司一般債權人追償，適用信託法、證券法、公平交易法、消費者保護法等等。

　　投資型保險中「分離帳戶」的錢，就是要保人自己的錢，保險公司不保證投資績效，也沒有掛任何保證。萬一保戶經商失敗或因任何原因欠債，如果債權人提起訴訟而勝訴時，保險公司會收到法院的扣押命令，依法執行扣押保單。要保人所有的保單權益會被全部凍結，不能申請贖回、辦理保單貸款、也無法變更受益人，在債權人的債權範圍內，將保險金支付給債權人。

萬能壽險和變額壽險與變額萬能壽險之差異

　　保險中只要看到「變額」兩個字，就是指「投資型保險」，繳費有彈性且保額可以隨時增加或減少。而看到「萬能」，就是指繳費金額有彈性。（見表 1-1-3）

投資型保險概論

	萬能壽險（傳統型）	變額壽險（投資型）	變額萬能壽險（投資型）
繳費方式	彈性	彈性	彈性
投資績效	依宣告利率而定，大多有最低保證之報酬	依自己選定之分離帳戶內的投資標的而定	依自己選定之分離帳戶內的投資標的而定
保障彈性	可隨時調整	通常有最低死亡給付保證，可依投資績效隨時調整	可依投資績效隨時調整
現金價值	依宣告利率而定，通常有最低保證	視投資績效而定	視投資績效而定
客戶屬性	較保守	風險偏好者	風險偏好者

吳家揚/製表

保費收入和保額/保單帳戶價值

依「財團法人保險事業發展中心」，2016～2020 年的統計資料顯示如下：

1. 人壽保險保費收入和保額

■ 表 1-1-4 人壽保險保費收入和保額

單位: 保費(千元),給付(千元),保額(萬元),件數(件)
篩選條件: 年報(2016~2020) 險別(1-人壽保險) 險種別(全部) 契約別(全部) 國別(全部)

↕	年度	首年度保費	續年度保費	總保費收入	保險給付件數	保險給付金額	新契約件數	新契約保額	有效契約件數	有效契約保額
1	2016	1,036,305,276	1,489,057,491	2,525,362,767	19,303,097	1,309,212,847	6,070,496	337,816,856	55,393,821	4,191,535,889
2	2017	913,498,399	1,767,303,435	2,680,801,834	21,837,068	1,321,349,843	5,507,852	306,973,160	56,668,921	4,284,889,340
3	2018	1,002,802,739	1,729,123,102	2,731,925,841	24,266,314	1,519,962,493	5,400,346	373,673,722	57,332,953	4,530,691,318
4	2019	922,683,590	1,774,314,477	2,696,998,067	25,325,866	1,565,314,685	6,699,926	449,772,733	58,776,411	4,723,321,279
5	2020	576,461,332	1,820,136,858	2,396,598,190	26,954,047	1,498,118,812	5,390,982	409,282,879	59,593,969	4,800,314,218

(第1頁/共1頁)　頁次 ∨ 　❓

資料來源

2. 投資型人壽保險保費收入和保單帳戶價值

■ 表 1-1-5 投資型人壽保險保費收入和保單帳戶價值

單位: 保費(千元),給付(千元),保額(萬元),件數(件)
篩選條件: 年報(2016~2020) 險別(1-投資型人壽保險) 險種別(全部) 契約別(個人險) 國別(1-本國)

	年度	首年度保費	續年度保費	總保費收入	保險給付件數	保險給付金額	新契約件數	新契約保額	有效契約件數	保單帳戶價值
1	2016	59,112,597	77,244,163	136,356,761	8,228,359	150,091,342	68,642	8,664,391	3,044,375	89,692,798
2	2017	108,305,362	74,616,608	182,921,970	8,364,110	214,646,204	115,407	12,605,824	2,876,181	89,971,655
3	2018	161,176,169	73,496,806	234,672,976	8,664,163	158,847,498	186,632	15,868,623	2,873,267	87,337,963
4	2019	114,557,955	75,006,786	189,564,743	8,710,351	139,874,485	137,940	14,829,135	2,837,407	99,349,127
5	2020	64,986,607	74,241,076	139,227,682	8,821,117	135,638,200	108,151	16,996,109	2,799,378	99,824,900

(第1頁/共1頁) 頁次∨

資料來源

3. 年金保險保費收入和保額

■ 表 1-1-6 年金保險保費收入和保額

單位: 保費(千元),給付(千元),保額(萬元),件數(件)
篩選條件: 年報(2016~2020) 險別(4-年金保險) 險種別(全部) 契約別(個人險) 國別(1-本國)

	年度	首年度保費	續年度保費	總保費收入	保險給付件數	保險給付金額	新契約件數	新契約保額	有效契約件數	有效契約保額
1	2016	179,078,901	16,655,269	195,734,170	3,335,013	165,630,630	162,979	16,176,111	1,133,604	120,937,722
2	2017	284,522,495	16,662,610	301,185,105	4,934,595	174,462,978	290,212	37,064,346	1,267,346	142,747,578
3	2018	300,937,124	13,968,358	314,905,482	6,709,153	178,255,816	304,413	34,522,313	1,433,558	172,703,696
4	2019	252,264,747	15,430,314	267,695,061	7,018,941	182,441,820	256,352	23,480,856	1,563,997	188,575,688
5	2020	250,238,170	13,223,926	263,462,096	7,205,808	172,569,955	212,997	31,003,105	1,659,498	203,892,727

(第1頁/共1頁) 頁次∨

資料來源

4. 變額年金保險保費收入和保單帳戶價值

■ 表 1-1-7 變額年金保險保費收入和保單帳戶價值

單位: 保費(千元),給付(千元),保額(萬元),件數(件)
篩選條件: 年報(2016~2020) 險別(4-變額年金保險) 險種別(全部) 契約別(個人險) 國別(1-本國)

	年度	首年度保費	續年度保費	總保費收入	保險給付件數	保險給付金額	新契約件數	新契約保額	有效契約件數	保單帳戶價值
1	2016	78,197,645	9,857,908	88,055,553	3,096,727	65,979,442	72,920	786,765	517,674	39,329,506
2	2017	200,131,025	10,380,295	210,511,322	4,692,697	97,764,900	202,290	1,445,081	618,659	50,786,525
3	2018	242,686,527	7,896,867	250,583,397	6,473,206	97,250,335	239,352	3,422,890	783,135	60,068,163
4	2019	197,786,639	8,687,986	206,474,627	6,766,018	100,533,984	192,753	2,328,610	912,431	76,665,554
5	2020	205,592,873	7,518,350	213,111,224	7,008,806	108,031,500	167,892	2,598,217	1,010,640	91,967,991

(第1頁/共1頁) 頁次∨

資料來源

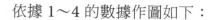
依據 1～4 的數據作圖如下：

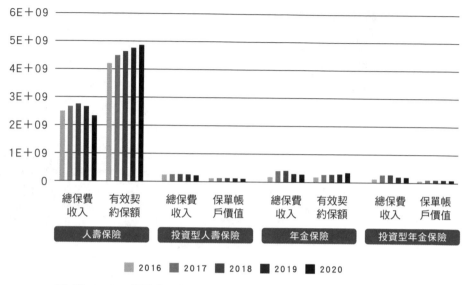

■ 圖 1-1-4 保險類別保費收入和保額和保單帳戶價值趨勢圖
吳家揚/製圖

　　從財團法人保險事業發展中心的統計資料來看，投資型保險相較於傳統型保險，依然有很大的發展空間。

投資型保險的重點強調

　　投資型保險簡單來說，就是可以兼顧投資的保險商品。但要強調的是，它的本質是保險而非投資。如果你不想買保險，投資型保險顯然不適合你，因為買保險是要付出一大堆保險費用的。而投資的部分，和購買基金相同，也會有一大堆費用要付。但如果你能了解投資型人壽保險的收費方式和它的優缺點，你就可以在人生的某一段時間內，利用它的優點，達到保障和儲蓄的目的。

　　投資型保險區分為兩大帳戶，一般帳戶和分離帳戶。分離帳戶內的投資績效會直接影響未來保險給付的金額。投資績效越好，將來拿

到的錢越多，反之，保單甚至也可能提早失效而結束。分離帳戶和保險公司無關，是自己的錢，保戶要自己承受投資風險。

另外，投資型人壽保險得附加一年期附約，而投資型年金保險不得附加附約。這是目前的狀態，因人壽和年金不同性質，或許未來年金保險（不管傳統型或投資型）可以附加附約也說不定。

投資型保險概論

投資型保險內容可依人生收支曲線而調整

　　許多人說自己一生不求大富大貴，只求安穩過小確幸的日子。然而，無風無浪的一生需要用到多少錢？多數人對自己一輩子花費心中沒個譜，因此大半生扛著龐大的財務壓力，不管口袋有錢或沒錢都心躁不安。

　　理財的關鍵動作之一，先弄清楚這輩子所需，不要小看這個數字，這是個神奇的數字，是財富之鑰，幸福致富的關鍵密碼。

　　要怎麼知道人生財務需求為何呢？下列根據大數統計所得的資料所繪製的「人生收支曲線示意圖」，圖示各階段獨特的財務需求。

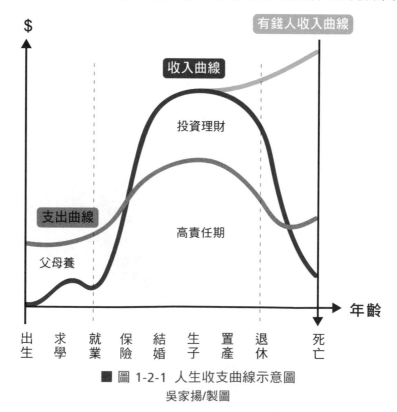

■ 圖 1-2-1 人生收支曲線示意圖
吳家揚/製圖

人生可概略分為三大階段：第一階段為出生到就業，第二階段為就業到退休，第三階段為退休到死亡。每個階段各有所需要的重大支出和收入金額。以在雙北生活，年輕夫妻養育獨生子女一家三口小家庭為例：假設夫妻雙薪 25 歲開始工作，持續工作 40 年，65 歲退休，活到 85 歲死亡；養育一個子女從出生到大學畢業。計算這樣所需要的花費是：至少要賺 5,000 萬元。詳細計算數字，可以參考我的書《人生五張表，你也可以 F.I.R.E》。

　　然而，經濟轉型快速，不論藍領、白領階級，隨時有失業的可能，遭逢生病或意外而被迫退出職場，這一天何時到來，我們不會知道，但我們一定要在這天來臨之前，做好賺到 5,000 萬元的準備。

投資型人壽保險與投資型年金保險重點比較

　　每家保險公司的每張保單收費標準可能不同，解約或部分提領也可能產生相關費用，要了解並多做比較，才不會吃虧。

■ 表 1-2-1　投資型人壽保險與投資型年金保險特性比較表

投資型保險	目的	目標保險費(前置費用)	保險成本	保單管理費(每月)	基金投資和轉換或投資外幣	彈性繳費
投資型人壽保險	高保額保障為主；投資為輔	總繳目標保險費為年繳保費的150%(分5年繳)	依體況、年紀和性別每月收取費用	100元	可	定期定額或單筆投入
投資型年金保險	儲蓄為主	保費2%~5%	不需保險成本	100元	可	定期定額或單筆投入

吳家揚/製表

投資型人壽保險主約建議書

舉例，王小明生日 1992/01/01，保險年齡 30 歲，以富邦信用卡年繳保費：

■ 表 1-2-2 投資型人壽保險建議書

姓名	主/附約	商品名稱	代號	繳費年期	保額	保額上下限	應收保費	繳別	首期繳費方式	續期繳費方式	首期折扣應收保費	第2保單年度折扣應收保費
王小名	主	富邦人壽富貴吉祥變額萬能壽險(V2)(甲型)	UNAA		600萬	507～840萬	60,000元	年繳 ∨	富邦信用卡	富邦信用卡	60,000元	60,000元
保費小計							60,000元					
首期實收保費											60,000元	

資料來源：富邦人壽建議書
吳家揚/製表

1. 假設投資報酬率為 3%（很務實），目標保額範圍 507~840 萬元（設定 600 萬元），年繳 6 萬元（每月 5,000 元）共 20 年，總繳保費 120 萬元。雖然每年都賺 3%持續幾十年，很難。但只要標的選得好，時間夠長的話，平均年化報酬率 3%是有很高的機率達成。

保單年度	保險年齡	當年度目標保險費	當年度超額保險費	保費費用	保單管理費	保險成本	年度末保單帳戶價值	年度末解約金	年度末身故保障
1	30	60,000		35,100	1,200	3,948	20,416	20,416	6,000,000
2	31	60,000		17,100	1,200	4,130	59,799	59,799	6,000,000
3	32	60,000		17,100	1,200	4,392	100,098	100,098	6,000,000
4	33	60,000		8,100	1,200	4,704	150,558	150,558	6,000,000
5	34	60,000		8,100	1,200	5,076	202,154	202,154	6,000,000
6	35	60,000			1,200	5,580	263,129	263,129	6,000,000
7	36	60,000			1,200	6,060	325,446	325,446	6,000,000
8	37	60,000			1,200	6,533	389,151	389,151	6,000,000
9	38	60,000			1,200	7,056	454,236	454,236	6,000,000
10	39	60,000			1,200	7,632	520,688	520,688	6,000,000
11	40	60,000			1,200	8,254	588,502	588,502	6,000,000
12	41	60,000			1,200	8,920	657,673	657,673	6,000,000
13	42	60,000			1,200	9,563	728,266	728,266	6,000,000
14	43	60,000			1,200	10,246	800,283	800,283	6,000,000
15	44	60,000			1,200	10,966	873,728	873,728	6,000,000
16	45	60,000			1,200	12,204	948,119	948,119	6,000,000
17	46	60,000			1,200	12,980	1,023,953	1,023,953	6,000,000
18	47	60,000			1,200	13,782	1,101,247	1,101,247	6,000,000
19	48	60,000			1,200	14,606	1,180,023	1,180,023	6,000,000
20	49	60,000			1,200	15,450	1,260,304	1,260,304	6,000,000
25	54				1,200	21,343	1,353,600	1,353,600	6,000,000
30	59				1,200	30,663	1,418,055	1,418,055	6,000,000
35	64				1,200	45,934	1,424,145	1,424,145	6,000,000
40	69				1,200	74,873	1,309,704	1,309,704	6,000,000
45	74				1,200	132,442	930,712	930,712	6,000,000
49	78				1,200	211,008	291,949	291,949	6,000,000
50	79				1,200	240,048	55,581	55,581	6,000,000

假設投資報酬率：3.00%　　　單位：元

資料來源：富邦人壽建議書
吳家揚/製表

由表 1-2-3 可看出：

1. 假設保險年齡 30 歲投保到 69 歲解約，可拿回解約金 1,309,704 元。這 40 年平均保費為 0，保障 40 年，600 萬元保額，免費超划算。

2. 假設保險年齡 30 歲投保到 74 歲解約，可拿回解約金 930,712 元。這 45 年平均保費為 269,288（＝1,200,000-930,712），保障 45 年，600 萬元保額，每年每百萬元保費為 997 元（＝269,288/45/6），超划算。

2. 萬一投資都沒有獲利，保單到 69 歲就會結束，因 69 歲的某一天保單帳戶價值會降為 0。（見表 1-2-4）

■ 表 1-2-4 投資型人壽保險投資報酬率 0%試算

假設投資報酬率：0.00%　　　　　　　　　　　　　　　　　　　　　　單位：元

保單年度	保險年齡	當年度目標保險費	當年度超額保險費	保費費用	保單管理費	保險成本	年度末保單帳戶價值	年度末解約金	年度末身故保障
1	30	60,000		35,100	1,200	3,948	19,752	19,752	6,000,000
2	31	60,000		17,100	1,200	4,135	57,317	57,317	6,000,000
3	32	60,000		17,100	1,200	4,392	94,625	94,625	6,000,000
4	33	60,000		8,100	1,200	4,706	140,619	140,619	6,000,000
5	34	60,000		8,100	1,200	5,088	186,231	186,231	6,000,000
6	35	60,000			1,200	5,594	239,437	239,437	6,000,000
7	36	60,000			1,200	6,093	292,144	292,144	6,000,000
8	37	60,000			1,200	6,577	344,367	344,367	6,000,000
9	38	60,000			1,200	7,123	396,044	396,044	6,000,000
10	39	60,000			1,200	7,723	447,121	447,121	6,000,000
11	40	60,000			1,200	8,379	497,542	497,542	6,000,000
12	41	60,000			1,200	9,087	547,255	547,255	6,000,000
13	42	60,000			1,200	9,781	596,274	596,274	6,000,000
14	43	60,000			1,200	10,528	644,546	644,546	6,000,000
15	44	60,000			1,200	11,324	692,022	692,022	6,000,000
16	45	60,000			1,200	12,673	738,149	738,149	6,000,000
17	46	60,000			1,200	13,563	783,386	783,386	6,000,000
18	47	60,000			1,200	14,501	827,685	827,685	6,000,000
19	48	60,000			1,200	15,482	871,003	871,003	6,000,000
20	49	60,000			1,200	16,512	913,291	913,291	6,000,000
25	54				1,200	23,755	804,341	804,341	6,000,000
30	59				1,200	35,664	644,356	644,356	6,000,000
35	64				1,200	55,932	400,657	400,657	6,000,000
39	68				1,200	85,543	100,224	100,224	6,000,000
40	69				1,200	95,294	3,730	3,730	6,000,000

資料來源：富邦人壽建議書
吳家揚/製表

3. 如果不幸，每年投資都損失 3%，保單在 63 歲會結束，因 63 歲的某一天保單帳戶價值會降為 0。連續損失 34 年且每年都損失 3%，實務上不太可能發生。（見表 1-2-5）

■ 表 1-2-5 投資型人壽保險投資報酬率-3%試算

假設投資報酬率：-3.00%　　　　　　　　　　　　　　　　單位：元

保單年度	保險年齡	當年度目標保險費	當年度超額保險費	保費費用	保單管理費	保險成本	年度末保單帳戶價值	年度末解約金	年度末身故保障
1	30	60,000		35,100	1,200	3,948	19,089	19,089	6,000,000
2	31	60,000		17,100	1,200	4,137	54,879	54,879	6,000,000
3	32	60,000		17,100	1,200	4,392	89,345	89,345	6,000,000
4	33	60,000		8,100	1,200	4,716	131,189	131,189	6,000,000
5	34	60,000		8,100	1,200	5,100	171,399	171,399	6,000,000
6	35	60,000			1,200	5,613	217,755	217,755	6,000,000
7	36	60,000			1,200	6,119	262,223	262,223	6,000,000
8	37	60,000			1,200	6,618	304,866	304,866	6,000,000
9	38	60,000			1,200	7,180	345,677	345,677	6,000,000
10	39	60,000			1,200	7,801	384,652	384,652	6,000,000
11	40	60,000			1,200	8,483	421,788	421,788	6,000,000
12	41	60,000			1,200	9,223	457,081	457,081	6,000,000
13	42	60,000			1,200	9,958	490,593	490,593	6,000,000
14	43	60,000			1,200	10,751	522,319	522,319	6,000,000
15	44	60,000			1,200	11,602	552,256	552,256	6,000,000
16	45	60,000			1,200	13,032	579,889	579,889	6,000,000
17	46	60,000			1,200	13,999	605,741	605,741	6,000,000
18	47	60,000			1,200	15,025	629,808	629,808	6,000,000
19	48	60,000			1,200	16,111	652,085	652,085	6,000,000
20	49	60,000			1,200	17,256	672,568	672,568	6,000,000
25	54				1,200	25,244	470,749	470,749	6,000,000
30	59				1,200	38,293	245,309	245,309	6,000,000
33	62				1,200	50,698	86,138	86,138	6,000,000
34	63				1,200	55,176	28,096	28,096	6,000,000

資料來源：富邦人壽建議書

吳家揚/製表

　　對於投資型人壽保險，你的主要目的是要高額壽險保障，所以你應該要擔心保險何時會付不出保費而讓保險失效。所以要常常注意保單帳戶價值，尤其是中高齡保戶。如上例，投資績效好（年化報酬率3％），保險是低成本或免費的；投資績效差（年化報酬率 0％或-3％），保險會比預期中更早結束。你自己可以針對任何時間點的「假設投資報酬率」來進行試算，找出對自己有利的「甜蜜點」。

投資型人壽保險小結

投資型人壽保險，顧名思義就是可以投資的人壽保險。從這個舉例，來說明投資型人壽保險，可以擁有壽險保障和投資損益。

年輕有能力時，可以彈性多繳一些保費，累積保單帳戶價值。退休時，可隨時提領保單帳戶價值。需要提高或降低保險保額時，隨時可以變更。這張保險內容，可以完全跟著人生收支曲線走，隨時調整保險內容。

投資型人壽保險的好處是，越年輕越早買，平均成本越低。因為保險成本中的危險保額和年紀呈指數次方的增長；甲型和保單帳戶價值有關，乙型就和保單帳戶價值無關；保單帳戶價值越高，甲型的平均保險費用就越低。

所以我們可以利用投資型人壽保險來設計一個高保額的人壽保險，主要目的是人壽死亡給付，次要目的才是保單帳戶價值。在年輕或中壯年時，這張投資型人壽保險所繳的保費，對家庭財務的負擔也不會太重，也可以適當移轉風險給保險公司。但要提醒的是，年紀越大，超過 65 歲，危險保額越高且保費越貴，將來甚至可能貴到付不起。到時，只好解約或降低保額，甚至降到最低保額，讓保險只付保單管理費！這時保險的目的，在於擁有保單帳戶價值，可改為退休規劃或遺產規劃。

你可以分別購買基金和購買保險，這樣的話，基金投資績效就不會影響保險的存續。但購買投資型人壽保險，會將投資績效和保險的存續綁在一起，參閱 CH2-3、CH2-4 和 CH5-1。會購買「基金加一張傳統型人壽保險」和只購買「一張投資型人壽保險」的人，目的絕對不同，適用情境也不同。

投資型年金保險主約建議書

舉例，王小明生日 1992/01/01，保險年齡 30 歲，以富邦信用卡年繳保費：

■ 表 1-2-6 投資型年金保險建議書 1

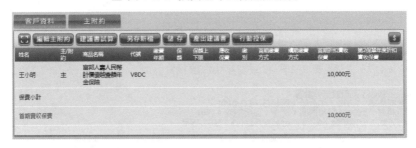

姓名	主/附約	商品名稱	代號	繳費年期	保額	保額上下限	應收保費	繳別	首期繳費方式	續期繳費方式	首期折扣實收保費	第2保單年度折扣實收保費
王小明	主	富邦人富人民幣計價優缺變額年金保險	VBDC								10,000元	
保費小計												
首期實收保費											10,000元	

■ 表 1-2-7 投資型年金保險建議書 2

商品代號		VBDC
	繳費幣別	人民幣
	假設投資報酬率	3 6.00%
	年金給付方式	月給付
	保證期間	15
	年金給付開始日	141/01/01 117/01/18 ~ 162/01/18
	年金開始給付年度	30

■ 表 1-2-8 投資型年金保險建議書 3

首期保險費	10000	500 ~ 5,000,000 人民幣

☑ 分期繳			☐ 彈性繳	
繳別	年繳		繳別	彈性繳
繳費金額	10000 500 ~ 5,000,000 人民幣		繳費金額	500 ~ 5,000,000 人民幣
繳費年期	20 1 ~ 29 年		開始繳費年度	2 ~ 29 年
首期繳費方式	轉帳件		結束繳費年度	2 ~ 29 年 請先設定開始年度
續期繳費方式	轉帳件		繳費方式	匯款

資料來源：富邦人壽建議書
吳家揚/製表

投資型保險概論

1. 假設投資報酬率為 3%（很務實），年繳 1 萬人民幣共 20 年，總繳保費 20 萬人民幣。由此表可看出：年金累積期 29 年，保單帳戶價值為 339,253.82 人民幣（見表 1-2-9），第 30 年開始給付年金。保證期間 15 年，每月可領 1,077.46 人民幣。這只是舉例而已，台商多，人民幣有其需求，任何幣別的年金保險算法都一樣。試算表上的數字，算法將在 CH3-2 展示。

■ 表 1-2-9 投資型年金保險投資報酬率 3% 試算

預估年金金額依下列假設條件計算：
假設投資報酬率：3.00%，年金給付開始日：141/01/01
年金預定利率：1.00%；給付期間：終身；保證期間：15年
年金給付方式：分期年金；每期年金金額(月給付)：1,077.46元

單位：元

保單年度	保險年齡	當年度所繳保險費	累計所繳保險費	保費費用	保單管理費	年度末保單帳戶價值	年度末解約金
1	30	10,000.00	10,000.00	300.00	240.00	9,747.12	9,747.12
2	31	10,000.00	20,000.00	300.00	240.00	19,786.65	19,786.65
3	32	10,000.00	30,000.00	300.00	240.00	30,127.37	30,127.37
4	33	10,000.00	40,000.00	300.00	240.00	40,778.30	40,778.30
5	34	10,000.00	50,000.00	300.00	240.00	51,748.77	51,748.77
6	35	10,000.00	60,000.00	300.00	240.00	63,048.35	63,048.35
7	36	10,000.00	70,000.00	300.00	240.00	74,686.92	74,686.92
8	37	10,000.00	80,000.00	300.00	240.00	86,674.65	86,674.65
9	38	10,000.00	90,000.00	300.00	240.00	99,022.00	99,022.00
10	39	10,000.00	100,000.00	300.00	240.00	111,739.78	111,739.78
11	40	10,000.00	110,000.00	300.00	240.00	124,839.09	124,839.09
12	41	10,000.00	120,000.00	300.00	240.00	138,331.38	138,331.38
13	42	10,000.00	130,000.00	300.00	240.00	152,228.44	152,228.44
14	43	10,000.00	140,000.00	300.00	240.00	166,542.41	166,542.41
15	44	10,000.00	150,000.00	300.00	240.00	181,285.80	181,285.80
16	45	10,000.00	160,000.00	300.00	240.00	196,471.49	196,471.49
17	46	10,000.00	170,000.00	300.00	240.00	212,112.76	212,112.76
18	47	10,000.00	180,000.00	300.00	240.00	228,223.26	228,223.26
19	48	10,000.00	190,000.00	300.00	240.00	244,817.07	244,817.07
20	49	10,000.00	200,000.00	300.00	240.00	261,908.70	261,908.70
25	54		200,000.00		240.00	302,329.16	302,329.16
28	57		200,000.00		240.00	329,609.42	329,609.42
29	58		200,000.00		240.00	339,253.82	339,253.82

資料來源：富邦人壽建議書
吳家揚/製表

2. 萬一投資都沒有獲利，由此表可看出：年金累積期 29 年，保單帳戶價值為 187,040 人民幣，第 30 年開始給付年金。但因每期年金金額低於最低年金，改為一次給付 187,040 人民幣，保單終止。（見表 1-2-10）

※每期領取之年金金額若低於 1,000 人民幣時，改依一次年金之年金金額約定所計算而得之年金累積期間屆滿日保單帳戶價值一次給付受益人，本契約效力即行終止。

■ 表 1-2-10 投資型年金保險投資報酬率 0% 試算

預估年金金額依下列假設條件計算：
假設投資報酬率：0.00%；年金給付開始日：141/01/01
年金預定利率：1.00%；給付期間：終身；保證期間：15年
年金給付方式：一次年金 186,800.00元 (每期年金金額低於最低年金，改為一次給付)　　　　　　　單位：元

保單年度	保險年齡	當年度所繳保險費	累計所繳保險費	保費費用	保單管理費	年度末保單帳戶價值	年度末解約金
1	30	10,000.00	10,000.00	300.00	240.00	9,460.00	9,460.00
2	31	10,000.00	20,000.00	300.00	240.00	18,920.00	18,920.00
3	32	10,000.00	30,000.00	300.00	240.00	28,380.00	28,380.00
4	33	10,000.00	40,000.00	300.00	240.00	37,840.00	37,840.00
5	34	10,000.00	50,000.00	300.00	240.00	47,300.00	47,300.00
6	35	10,000.00	60,000.00	300.00	240.00	56,760.00	56,760.00
7	36	10,000.00	70,000.00	300.00	240.00	66,220.00	66,220.00
8	37	10,000.00	80,000.00	300.00	240.00	75,680.00	75,680.00
9	38	10,000.00	90,000.00	300.00	240.00	85,140.00	85,140.00
10	39	10,000.00	100,000.00	300.00	240.00	94,600.00	94,600.00
11	40	10,000.00	110,000.00	300.00	240.00	104,060.00	104,060.00
12	41	10,000.00	120,000.00	300.00	240.00	113,520.00	113,520.00
13	42	10,000.00	130,000.00	300.00	240.00	122,980.00	122,980.00
14	43	10,000.00	140,000.00	300.00	240.00	132,440.00	132,440.00
15	44	10,000.00	150,000.00	300.00	240.00	141,900.00	141,900.00
16	45	10,000.00	160,000.00	300.00	240.00	151,360.00	151,360.00
17	46	10,000.00	170,000.00	300.00	240.00	160,820.00	160,820.00
18	47	10,000.00	180,000.00	300.00	240.00	170,280.00	170,280.00
19	48	10,000.00	190,000.00	300.00	240.00	179,740.00	179,740.00
20	49	10,000.00	200,000.00	300.00	240.00	189,200.00	189,200.00
25	54		200,000.00		240.00	188,000.00	188,000.00
28	57		200,000.00		240.00	187,280.00	187,280.00
29	58		200,000.00		240.00	187,040.00	187,040.00

資料來源：富邦人壽建議書
吳家揚/製表

3. 如果不幸，每年投資都損失 3%，但實務上不太可能發生。由此表可看出：年金累積期 29 年，保單帳戶價值為 104,158.74 人民幣，第 30 年開始給付年金。但因每期年金金額低於最低年金，改為一次給付 104,158.74 人民幣，保單終止。（見表 1-2-11）

■ 表 1-2-11 投資型年金保險投資報酬率-3%試算

預估年金金額依下列假設條件計算：
假設投資報酬率：-3.00%，年金給付開始日：141/01/01
年金預定利率：1.00%；給付期間：終身；保證期間：15年
年金給付方式：一次年金 100,936.08元 (每期年金金額低於最低年金，改為一次給付)   單位：元

保單年度	保險年齡	當年度所繳保險費	累計所繳保險費	保費費用	保單管理費	年度末保單帳戶價值	年度末解約金
1	30	10,000.00	10,000.00	300.00	240.00	9,172.92	9,172.92
2	31	10,000.00	20,000.00	300.00	240.00	18,070.65	18,070.65
3	32	10,000.00	30,000.00	300.00	240.00	26,701.45	26,701.45
4	33	10,000.00	40,000.00	300.00	240.00	35,073.32	35,073.32
5	34	10,000.00	50,000.00	300.00	240.00	43,194.04	43,194.04
6	35	10,000.00	60,000.00	300.00	240.00	51,071.14	51,071.14
7	36	10,000.00	70,000.00	300.00	240.00	58,711.92	58,711.92
8	37	10,000.00	80,000.00	300.00	240.00	66,123.48	66,123.48
9	38	10,000.00	90,000.00	300.00	240.00	73,312.70	73,312.70
10	39	10,000.00	100,000.00	300.00	240.00	80,286.23	80,286.23
11	40	10,000.00	110,000.00	300.00	240.00	87,050.56	87,050.56
12	41	10,000.00	120,000.00	300.00	240.00	93,611.97	93,611.97
13	42	10,000.00	130,000.00	300.00	240.00	99,976.52	99,976.52
14	43	10,000.00	140,000.00	300.00	240.00	106,150.15	106,150.15
15	44	10,000.00	150,000.00	300.00	240.00	112,138.56	112,138.56
16	45	10,000.00	160,000.00	300.00	240.00	117,947.32	117,947.32
17	46	10,000.00	170,000.00	300.00	240.00	123,581.82	123,581.82
18	47	10,000.00	180,000.00	300.00	240.00	129,047.28	129,047.28
19	48	10,000.00	190,000.00	300.00	240.00	134,348.78	134,348.78
20	49	10,000.00	200,000.00	300.00	240.00	139,491.24	139,491.24
25	54		200,000.00		240.00	118,674.19	118,674.19
28	57		200,000.00		240.00	107,623.52	107,623.52
29	58		200,000.00		240.00	104,158.74	104,158.74

資料來源：富邦人壽建議書
吳家揚/製表

對於投資型年金保險，你的主要目的是要投資。所以要常常注意保單帳戶價值，尤其是中高齡保戶。如上例，投資績效好（年化報酬

率 3%），年金給付多；投資績效差（年化報酬率 0%或-3%），年金給付少，甚至不能領年金只能一次給付。你自己可以針對任何時間點的「假設投資報酬率」來進行試算，找出對自己有利的「甜蜜點」。

投資型年金保險小結

年輕有能力時，可以彈性多繳一些保費，累積更多的保單帳戶價值。投資型年金保險可當終身俸，存越多，到時年金給付「有機會」領更多，讓年老時的退休金更充裕。

開始來學習投資型保險吧

由人生收支曲線圖會讓我們擔心：1.活太久，儲蓄不夠。2.死太早，責任未了。3.疾病失能，保險不夠。4.投資理財能力太差，無法支撐一輩子所需的金錢。投資型保險，在人生某些階段可以幫上大忙。

事實上，金融局勢多變，投資理財的難度愈來愈高，愈早行動愈好。我常常提到 "財富之梯" 概念，建議大家從「工作、學習、理財」三面向，為自己打造通往財富自由之路。讓「淨資產」大於所有支出，財富得以持續累積或至少不蝕老本。當你知道自己需要準備多少錢是第一步，開始擬定策略行動，有準備的人和沒有準備的人，可以選擇退休時間甚至相差達 20 年。聰明的人，要趁早開始打造自己的 "財富之梯"。

「甲型、乙型、目標保險費、保險成本、危險保額、年金累積期、每期年金金額、保證期間、保單帳戶價值……」等等，怎麼許多專有名詞都不懂？先不要急，接下來第 2 章和第 3 章就會來為讀者解密「投資型保險」這個保險商品。

CH1-3 保險法重點提示

保險商品就是會受到保險法的規範。投資型保險和傳統型保險最大的差別,在於分離帳戶的設計,其他定義則一模一樣。本章節先來學習保險法,重要的保險法法條,➡符號後的文字是我對保險法條的白話文解釋或重點提示,主要是方便讀者理解。

定義

本法所稱保險,謂當事人約定,一方交付保險費於他方,他方對於因不可預料,或不可抗力之事故所致之損害,負擔賠償財物之行為。根據前項所訂之契約,稱為保險契約。(保險法第 1 條)
➡買保險。

本法所稱保險人,指經營保險事業之各種組織,在保險契約成立時,有保險費之請求權;在承保危險事故發生時,依其承保之責任,負擔賠償之義務。(保險法第 2 條)
➡保險人就是保險公司。

本法所稱要保人,指對保險標的具有保險利益,向保險人申請訂立保險契約,並負有交付保險費義務之人。(保險法第 3 條)
➡保單屬於要保人的財產,通常也是付錢繳保險費的人。

本法所稱被保險人,指於保險事故發生時,遭受損害,享有賠償請求權之人;要保人亦得為被保險人。(保險法第 4 條)
➡可戲稱被要保人拿去抵押給保險公司的人。

本法所稱受益人，指被保險人或要保人約定享有賠償請求權之人，要保人或被保險人均得為受益人。（保險法第 5 條）

➡受益人基本上是不勞而獲的人。

保險利益

要保人對於左列各人之生命或身體，有保險利益。1.本人或其家屬。2.生活費或教育費所仰給之人。3.債務人。4.為本人管理財產或利益之人。（保險法第 16 條）

➡要保人和被保險人要有保險利益，才能買保單。

要保人或被保險人，對於保險標的物無保險利益者，保險契約失其效力。（保險法第 17 條）

➡所以在保單簽約時，要保人和被保險人沒有保利益者，保單無效。通常我們都以自己、配偶或父母子女來購買保單，沒有問題。如果要保人要買保單，用小三、小王或路人甲乙丙的名義當被保險人，法律上並不允許，除非能証明有保險利益。

保險契約因第 64 條第 2 項之情事而解除時，保險人無須返還其已收受之保險費。（保險法第 25 條）

➡第 25 條要和第 64 條還有第 127 條一起看：大多數的理賠爭議在於一開始沒有誠實告知體況。需要理賠時，若保險公司調查病例，如果一開始就不該承保時，契約在 2 年內的，保險公司會解約，主張保單自始無效，所繳保費也不退還（保險法第 25 條）。若保單超過 2 年，就不能主張解約（保險法第 64 條），但既往症也不會賠（保險法第 127 條）。也就是 2 年內保險公司會直接解約、拒賠，且白收你的保費。若 2 年以上，保險公司會拒賠本來隱匿不會承保的事項。

投資型保險概論

保險人責任

　　保險人應於要保人或被保險人交齊證明文件後，於約定期限內給付賠償金額。無約定期限者，應於接到通知後 15 日內給付之。保險人因可歸責於自己之事由致未在前項規定期限內為給付者，應給付遲延利息年利 1 分。（保險法第 34 條）

　　➡保險公司因自己要調病歷詳查，這段期間就必須多負擔年利率10%的利息。

複保險

　　複保險，謂要保人對於同一保險利益，同一保險事故，與數保險人分別訂立數個保險之契約行為。（保險法第 35 條）

　　➡就是可以買很多張保單的意思。

保險契約

　　變更保險契約或恢復停止效力之保險契約時，保險人於接到通知後 10 日內不為拒絕者，視為承諾。（保險法第 56 條）

　　訂立契約時，要保人對於保險人之書面詢問，應據實說明。要保人有為隱匿或遺漏不為說明，或為不實之說明，足以變更或減少保險人對於危險之估計者，保險人得解除契約；其危險發生後亦同。但要保人證明危險之發生未基於其說明或未說明之事實時，不在此限。前項解除契約權，自保險人知有解除之原因後，經過 1 個月不行使而消滅；或契約訂立後經過 2 年，即有可以解除之原因，亦不得解除契約。（保險法第 64 條）

　　➡第 25 條要和第 64 條還有第 127 條一起看：大多數的理賠爭議在於一開始沒有誠實告知體況。需要理賠時，若保險公司調查病

例，如果一開始就不該承保時，契約在 2 年內的，保險公司會解約，主張保單自始無效，所繳保費也不退還（保險法第 25 條）。若保單超過 2 年，就不能主張解約（保險法第 64 條），但既往症也不會賠（保險法第 127 條）。也就是 2 年內保險公司會直接解約、拒賠，且白收你的保費。若 2 年以上，保險公司會拒賠本來隱匿不會承保的事項。

請求權 2 年

由保險契約所生之權利，自得為請求之日起，經過 2 年不行使而消滅。有左列各款情形之一者，其期限之起算，依各該款之規定：1.要保人或被保險人對於危險之說明，有隱匿、遺漏或不實者，自保險人知情之日起算。2.危險發生後，利害關係人能證明其非因疏忽而不知情者，自其知情之日起算。3.要保人或被保險人對於保險人之請求，係由於第三人之請求而生者，自要保人或被保險人受請求之日起算。（保險法第 65 條）

➡請求權為 2 年：1.自得為請求之日指的就是保險事故的發生日，例如人壽保險的「身故保險金」就是被保險人死亡當日或經法院宣告判決「死亡」之日；「失能保險金」則為診斷證明書上認定失能之日。2.除非能證明並非個人疏忽，而是其他特殊狀況無法得知，才會以「知情」之日起算。3.責任保險則受第三人的賠償請求，保險公司才需負給付責任。

人壽保險

人壽保險契約，得由本人或第三人訂立之。（保險法第 104 條）

➡第三人例如自己為要保人，幫太太（被保險人）買保險。

由第三人訂立之死亡保險契約，未經被保險人書面同意，並約定保險金額，其契約無效。被保險人依前項所為之同意，得隨時撤銷之。其撤銷之方式應以書面通知保險人及要保人。被保險人依前項規定行使其撤銷權者，視為要保人終止保險契約。（保險法第 105 條）

➡自己為要保人，幫太太（被保險人）買保單，太太要同意才行。太太也隨時可以撤銷契約，例如離婚。解約金回返還應得之人口袋中。

以未滿 15 歲之未成年人為被保險人訂立之人壽保險契約，除喪葬費用之給付外，其餘死亡給付之約定於被保險人滿 15 歲時始生效力。前項喪葬費用之保險金額，不得超過遺產及贈與稅法第 17 條有關遺產稅喪葬費扣除額之一半。（保險法第 107 條）。訂立人壽保險契約時，以受監護宣告尚未撤銷者為被保險人，除喪葬費用之給付外，其餘死亡給付部分無效。前項喪葬費用之保險金額，不得超過遺產及贈與稅法第 17 條有關遺產稅喪葬費扣除額之一半。（保險法第 107-1 條）

➡監護人應以善良管理人之注意，執行監護職務 （民法第 1100 條）。監護人於執行有關受監護人之生活、護養療治及財產管理之職務時，應尊重受監護人之意思，並考量其身心狀態與生活狀況 （民法第 1112 條）。例如完全失能的植物人需要監護人，這需要法院宣告，然後註記在戶政系統。2022 年喪葬費扣除額是 123 萬元，一半為 61.5 萬元。受監護的人死亡，最多只能領 61.5 萬元喪葬費用，主要是要避免道德風險。

被保險人故意自殺者，保險人不負給付保險金額之責任。但應將保險之保單價值準備金返還於應得之人。保險契約載有被保險人故意自殺，保險人仍應給付保險金額之條款者，其條款於訂約 2 年後始生

效力。恢復停止效力之保險契約，其 2 年期限應自恢復停止效力之日起算。被保險人因犯罪處死或拒捕或越獄致死者，保險人不負給付保險金額之責任。但保險費已付足 2 年以上者，保險人應將其保單價值準備金返還於應得之人。（保險法第 109 條）

➡人壽保險，只要有效時間超過 2 年，無論死亡原因為何，保險公司都要理賠。

要保人得通知保險人，以保險金額之全部或一部，給付其所指定之受益人一人或數人。前項指定之受益人，以於請求保險金額時生存者為限。（保險法第 110 條）

➡如果受益人比被保險人先死亡時，且沒有其他受益人的名字在保險上，則受益人自動變為法定繼承人。

保險金額約定於被保險人死亡時給付於其所指定之受益人者，其金額不得作為被保險人之遺產（保險法第 112 條）。死亡保險契約未指定受益人者，其保險金額作為被保險人之遺產（保險法第 113 條）。

➡在保險上受益人的欄位，記得要填寫受益人名字或法定繼承人，才不會被列入被保險人的遺產。

人壽保險之保險費到期未交付者，除契約另有訂定外，經催告到達後屆 30 日仍不交付時，保險契約之效力停止。催告應送達於要保人，或負有交付保險費義務之人之最後住所或居所，保險費經催告後，應於保險人營業所交付之。第 1 項停止效力之保險契約，於停止效力之日起 6 個月內清償保險費、保險契約約定之利息及其他費用後，翌日上午零時起，開始恢復其效力。要保人於停止效力之日起 6 個月後申請恢復效力者，保險人得於要保人申請恢復效力之日起 5 日內要求要保人提供被保險人之可保證明，除被保險人之危險程度有重大變更已達拒絕承保外，保險人不得拒絕其恢復效力。保險人未於前

投資型保險概論

項規定期限內要求要保人提供可保證明或於收到前項可保證明後 15 日內不為拒絕者，視為同意恢復效力。保險契約所定申請恢復效力之期限，自停止效力之日起不得低於 2 年，並不得遲於保險期間之屆滿日。保險人於前項所規定之期限屆滿後，有終止契約之權。保險契約終止時，保險費已付足 2 年以上，如有保單價值準備金者，保險人應返還其保單價值準備金。保險契約約定由保險人墊繳保險費者，於墊繳之本息超過保單價值準備金時，其停止效力及恢復效力之申請準用第一項至第六項規定。（保險法第 116 條）

➡保險被催告而效力停止後的停效這段時間，保險公司不用負理賠責任。要保人在停效後 6 個月之內，繳清保費和利息，保險公司要無條件復效。若超過 6 個月，即使繳清保費和利息，要保人還要提供被保險人的可保證明，經保險公司同意後才會復效。超過 2 年，保險自動失效。

受益人故意致被保險人於死或雖未致死者，喪失其受益權。前項情形，如因該受益人喪失受益權，而致無受益人受領保險金額時，其保險金額作為被保險人遺產。要保人故意致被保險人於死者，保險人不負給付保險金額之責。保險費付足 2 年以上者，保險人應將其保單價值準備金給付與應得之人，無應得之人時，應解交國庫。（保險法第 121 條）

➡除外責任。對要保人的道德風險，保險公司要求最高。

保險人破產時，受益人對於保險人得請求之保險金額之債權，以其保單價值準備金按訂約時之保險費率比例計算之。要保人破產時，保險契約訂有受益人者，仍為受益人之利益而存在。投資型保險契約之投資資產，非各該投資型保險之受益人不得主張，亦不得請求扣押或行使其他權利。（保險法第 123 條）

➡投資型保險的分離帳戶，是自己的錢，和保險公司無關。

健康保險

健康保險人於被保險人疾病、分娩及其所致失能或死亡時，負給付保險金額之責。前項所稱失能之內容，依各保險契約之約定。（保險法第 125 條）

➡依保險條款規定。

保險人於訂立保險契約前，對於被保險人得施以健康檢查。前項檢查費用，由保險人負擔。（保險法第 126 條）

➡購買保險時，如果保險公司有疑慮或抽查需要體檢時，體檢費用由保險公司負擔，被保險人可以享受一次免費體檢。

保險契約訂立時，被保險人已在疾病或妊娠情況中者，保險人對是項疾病或分娩，不負給付保險金額之責任。（保險法第 127 條）

➡第 25 條要和第 64 條還有第 127 條一起看：大多數的理賠爭議在於一開始沒有誠實告知體況。需要理賠時，若保險公司調查病例，如果一開始就不該承保時，契約在 2 年內的，保險公司會解約，主張保單自始無效，所繳保費也不退還（保險法第 25 條）。若保單超過 2 年，就不能主張解約（保險法第 64 條），但既往症也不會賠（保險法第 127 條）。也就是 2 年內保險公司會直接解約、拒賠，且白收你的保費。若 2 年以上，保險公司會拒賠本來隱匿不會承保的事項。

被保險人故意自殺或墮胎所致疾病、失能、流產或死亡，保險人不負給付保險金額之責。（保險法第 128 條）

➡除外責任。

傷害保險

傷害保險人於被保險人遭受意外傷害及其所致失能或死亡時，負

給付保險金額之責。前項意外傷害，指非由疾病引起之外來突發事故所致者。（保險法第 131 條）

➡傷害保險就是意外險，意外定義就是：外來、突發和非疾病。

被保險人故意自殺，或因犯罪行為，所致傷害、失能或死亡，保險人不負給付保險金額之責任。（保險法第 133 條）

➡除外責任。

受益人故意傷害被保險人者，無請求保險金額之權。受益人故意傷害被保險人未遂時，被保險人得撤銷其受益權利。（保險法第 134 條）

➡受益人故意傷害被保險人，拿不到任何好處。

年金保險

年金保險人於被保險人生存期間或特定期間內，依照契約負一次或分期給付一定金額之責。（保險法第 135-1 條）

➡年金只會給付給活人。

受益人於被保險人生存期間為被保險人本人。保險契約載有於被保險人死亡後給付年金者，其受益人準用第 110 條至第 113 條規定。（保險法第 135-3 條）

➡被保險人死亡若指定受益人者，其金額不得作為被保險人之遺產。若未指定受益人者，其保險金額作為被保險人之遺產。

保險業通則

保險業經營投資型保險業務、勞工退休金年金保險業務應專設帳簿，記載其投資資產之價值。投資型保險業務專設帳簿之管理、保存、投資資產之運用及其他應遵行事項之辦法，由主管機關定之。依

第 5 項規定應專設帳簿之資產，如要保人以保險契約委任保險業全權決定運用標的，且將該資產運用於證券交易法第 6 條規定之有價證券者，應依證券投資信託及顧問法中請兼營全權委託投資業務。（保險法第 146 條）

➡投資型保險應設立專戶，就是分離帳戶。

實務舉例

舉例：2016 年 10 月小明投保壽險保額 200 萬元，癌症險 100 萬元，2018 年 12 月因癌症死亡。受益人可領多少錢？

A：保險公司調病例時發現，小明在 2016 年 8 月已經開始做癌症治療。所以受益人只能領壽險 200 萬元。

舉例：2016 年 10 月小明投保壽險保額 200 萬元，但有 50 萬保單貸款，負債 500 萬元，2019 年 12 月因意外死亡。受益人可領多少錢？

A：假設受益人也是繼承人，繼承人拋棄繼承，所以負債 500 萬元拋掉了，但不影響保單權益。所以受益人可以領 150 萬元（保額 200 萬元，減去保單貸款 50 萬元）的保險死亡給付。

舉例：小明投保壽險保額200萬元，意外險100萬元，因高樓爬窗竊盜而不幸摔死。受益人可領多少錢？

A：壽險200萬元。

CH1-4　保險 3 種人要怎麼寫比較好

　　保險是要保人的財產，除被保險人不能變動外，自己可以隨時解約；直接解約，要保人自己簽名就可以，不需通知被保險人和受益人。但如果保險要部分解約或內容變更時（包含變更要保人或受益人時），契約內容變更申請書上要有相關的人簽名，必要時還需要法定代理人的簽名才行。若保單不幸被列入遺產而有所紛爭時，最後通常要拿錢出來擺平，才會落幕。

　　購買保險要了解內容，也要注意自己的繳款能力。傳統型保險萬一繳不出錢來時，可考慮解約、減額或展期，但通常都不划算。但投資型保險，就沒有這種問題。

保險上簽名的人，權利義務都不同

　　大家都喜歡買保險，保險也算「財產」的一種呈現方式，但一般人對它一知半解，連帶出法律和稅務方面的問題。

　　保險上有要保人、被保險人、受益人，這 3 種人的權利義務都不同。保險要生效，一定要有要保人和被保險人簽名才行。不管是投保時或變更時，保險上唯一不用簽名的就是受益人。

　　第 4 種人為「法定代理人（或監護人/輔助人）」，很重要，但也不是那麼重要。7 歲以前或還不會寫字時，法定代理人可以代替簽名。滿 7 歲到未滿 20 歲時，保險上需要親自簽名外，還需要「法定代理人」簽名才行。滿 20 歲的成年人但受監護者，保單需要法定代理人簽名。滿 20 歲的成年人但未受監護者，買保險就不需要法定代

理人簽名了。

➡必要時，法定代理人必須要簽名，才能使保險生效。理賠也是一樣。

➡滿 20 歲的成年人但受監護者，購買新保險時比較麻煩，各家雖有不同規定但都算特例。如果不會或不能自己在要保書上簽名時，就空白或蓋手印，但要保書上一定要有法定代理人簽名，才能生效。法定代理人需要法院宣告，然後註記在戶政系統。2022 年喪葬費扣除額是 123 萬元，一半為 61.5 萬元。受監護人死亡，最多只能領 61.5 萬元喪葬費用，主要是要避免道德風險，所以你買太多壽險也沒用。除要保書外，還可能需要另一張申請書，要兩位見證人簽明，並說明和被監護人的關係。所有保險購買原則都一樣，就是誠實告知，備齊所有文件，然後送件讓保險公司評估，最後結果可能是加費承保、除外不保、延遲承保或拒保。特殊案件，可能被保險公司照會一次或兩次，要額外說明或補資料。但如果要照會 3 次以上，只是代表核保人員不專業，讓業務員在前線被客戶嫌棄。我遇過照會 4 次的，結局是不管你和客戶多熟，客戶只會拒絕你，並認為業務員和保險公司很差勁而已，當然不會成交。

目前，民法第 12 條規定：「滿 20 歲為成年」。但 2020/12/29 立法院三讀通過民法部分修訂條文，將成年年齡由 20 歲下修至 18 歲，暫定 2023 年元旦實施。同日又相繼通過修正「所得稅法」、「遺產及贈與稅法」、「人民團體法」、「國籍法」、「集會遊行法」、「證券交易法」、「入出國及移民法」、「保全業法」、「民防法」等多項配套法案。透過民法以及相關法案對於成年認定的下修，讓年輕世代及早具備成年國民的權利與義務。

➡2023 年 1 月 1 日後，成年改為 18 歲。未來只要滿 18 歲，就不需要法定代理人了。成年後，買保險就不用法定代理人簽名。

簡單來說：「保險是要保人的財產；被保險人是要保人拿去抵押給保險公司的人；受益人是理賠時拿到好處的人；未成年或受監護宣告的人，額外需要法定代理人簽名。保險生效後，除被保險人不可改變外，要保人和受益人都可以隨時變更。而當財產有轉移時，就要注意稅務的問題。」

適時做保險變更，拿回控制權

保險健檢時機：每年經常性檢查、人生責任改變時、保險內容變更時、有增加或減少保額需求時、保費繳不出時、有理賠需求時、有理財規劃或稅務規劃需求時。

離婚後最差的情況，若夫妻之一方被保險人不想當另一方要保人的「抵押品」時，可以通知保險公司和要保人，附上相關文件直接解約。解約後的保價金或解約金，會回到「應得之人」的口袋中。

保險是要保人的財產，要保人和被保險人同一人時，要保人可以自由控制自己的錢給指定的受益人。或要保人和被保險人不同人但兩人都同意時，保險也可以控制自己的錢給指定的受益人。保險的好處是，如果有寫受益人，就不需要納入被保險人的遺產總額計算（保險法第 112 條），就不受特留分之影響。將死亡理賠金額留給特定受益人，也是一種「偏心」的具體表現。

補充說明：特留分是繼承遺產總額的最低限度。

➡民法第 1138 條：遺產繼承人，除配偶外，依左列順序定之：1.直系血親卑親屬。2.父母。3.兄弟姊妹。4.祖父母。

➡民法第 1144 條：配偶有相互繼承遺產之權，其應繼分，依左列各款定之：1.與第 1138 條所定第一順序之繼承人同為繼承時，其應繼分與他繼承人平均。2.與第 1138 條所定第二順序或第三順序之

繼承人同為繼承時，其應繼分為遺產二分之一。3.與第 1138 條所定第四順序之繼承人同為繼承時，其應繼分為遺產三分之二。4.無第 1138 條所定第一順序至第四順序之繼承人時，其應繼分為遺產全部。

➡民法第 1223 條：繼承人之特留分，依左列各款之規定：1.直系血親卑親屬之特留分，為其應繼分二分之一。2.父母之特留分，為其應繼分二分之一。3.配偶之特留分，為其應繼分二分之一。4.兄弟姊妹之特留分，為其應繼分三分之一。5.祖父母之特留分，為其應繼分三分之一。

■ 表 1-4-1 保單 3 種人常見的安排

	要保人	被保險人	身故保險金受益人	註記
1	夫	妻	夫	新婚夫妻未有子女的寫法
2	父	女	父	子女未成年時的寫法
3	女	女	父	單身成年子女寫法
4	母	父	父	奇怪的寫法？受益人死亡會列入父的遺產稅
5	祖母	孫	祖母	請看補充說明第 8 點
6	子	父	子	免稅（最低稅負、遺產稅、綜所稅、贈與稅），可預留稅源
7	父	父	子	退休金

吳家揚/製表

補充說明如下：

1. 我們常假設被保險人會先死亡，然後受益人得利。但有時為了理財規劃或稅務規劃，要變更要保人或受益人，就可能會有稅的產生。

2. 被保險人死亡時，要保人或受益人可提出身故保險金給付的申請，要檢具相關文件。如果沒有填寫受益人或寫法定繼承人，請領時需要的文件：1.理賠申請書（需所有繼承人簽名）和同意書（調閱病歷用，需所有繼承人簽名和蓋章）。2.繼承系統表（需所有繼承人簽名）。3.死亡證明。4.除戶證明。5.全戶戶籍謄本。6.所有繼承人身分證正反面影本。7.保單。8.所有繼承人的帳戶封面影本。

3. 原要保人將保險契約的權利贈與他人，或轉移給二等親以內的親屬時，應依照規定課徵贈與稅。該類案件在受理變更要保人時，保險業者需通知當事人繳交稽徵機關核發的贈與稅繳清證明書、核定免稅證明書、不計入贈與總額證明書、同意移轉證明書的副本，四種證明書之一。

4. 要保人與被保險人非同一人，要保人死亡時的保單價值，應依照稅法規定課徵遺產稅，在稅款未繳清之前，不能分割遺產、交付遺贈或是辦理移轉登記。此類案件在受理變更要保人時，需通知當事人繳驗稽徵機關核發了遺產稅繳清證明書、核定免稅證明書，或是同意移轉證明書的副本。

要保人身故申請變更要保人，這件事比較複雜一些。要保人身故變更新要保人時，必須提供相關文件：1. 保單契約內容變更申請書，或許要在其他變更項目中填寫「本人 XXX 知悉辦理要保人變更會涉及遺贈稅」或「因為要保人死亡需要變更新要保人」。2. 死亡證明（或除戶證明）。3. 全戶戶籍謄本。4. 法定繼承人聲明同意書，要所有繼承人簽名和蓋章，比較麻煩。5. CRS 及 FATCA 身分聲明暨個人資料同意書。如果是投資型保險，還要附上：6. 保戶投資屬性分析問卷。7. 境外基金公開說明書中譯本集投資人須知之交付確認書。8. 投資以非投資等級債券基金債券為訴求基金之風險預告書。9. 共

同行銷及特定目的外蒐集、處理、利用個人資料之聲明同意書。除此之外，業務員還需要填寫一份「要保人變更之業務人員聲明書」。這是在保單上是沒有寫的，要打電話問保險公司或業務員。

如果新的要保人，之前在保險公司有填過上述部分資料，就可以不用再填一次。如果保單有很多張，每張保單的變更都需要備齊上述文件。所有繼承人也要提供身分證正反面影本和存簿封面影本，但其中的死亡證明（或除戶證明）和全戶戶籍謄本，一家保險公司只要用一份正本就可變更該公司的所有保單。有的文件上要「簽章」，就是要「簽名和蓋章」；但有的文件上「只要蓋章」或「只要簽名」即可，都要搞清楚。

有的保險公司規定臨櫃辦理，需要所有繼承人都到場才能辦理。有的保險公司規定，自己不能直接將資料寄回公司辦理，因為不符合「親見親簽」原則；但有的保險公司接受將所有文件（含保單正本）寄回保險公司即可辦理。所以資料齊全了，透過業務員送件會比較簡單。有的保險公司內規很寬鬆，基本上已經違反金管會保險局規定。各家保險公司規定不盡相同，變更前最好問清楚，避免浪費時間。

之所以會寫這一小段是有感而發，接近 10 年來的實務心得。不少的業務員在你需要處理保險時，不管是理賠或變更，他們就躲起來不鳥你，甚至拖過 2 年讓保險無法理賠。如果業務員不理你，就打電話到 0800 客服中心，清楚表明你要辦理的事情，請客服人員寄相關的資料給你填寫，資料上面先註記要簽名或蓋章的部分，填寫時若有任何疑問，也打電話請教客服人員。這樣，你也不用透過業務員，只是你會非常非常不爽而已，但至少事情可以自己解決。我幫助過許多這樣的「孤兒保單」，浪費我很多時間，協助許多和我無關的保戶和保險公司打交道，有些甚至還要透過「金融消費評議中心」來將理賠

事件落幕，也算是浪費大家的寶貴時間和社會資源，主要原因是保險公司內還有「不承認不公開的不理賠獎金」在作祟，有些特定公司和有些特定業務員的行為真的很糟糕，以後有機會再提。

5. 針對第 3 點和第 4 點，要保人變更時，從 2020/11/17 起，國稅局發函給壽險公會，提醒壽險業者在受理變更要保人時，保戶須繳驗完稅證明，否則將對業者開罰，要保人變更變的很麻煩。

我於 2022/01/22 電話詢問國稅局，國稅局回覆：「如果要保人保險的保價金額超過 244 萬元（2022 年度贈與的免稅額），一定要申報，會有贈與稅；如果全部保險的保價金額小於 244 萬元，得免申報。要保人死亡，也必須完成遺產稅申報。不管贈與稅或遺產稅，都要完稅後才能變更要保人，但實際狀況要看保險公司規定。」

這個「變更前要完稅」的擾民措施，造成國稅局和保險公司的大量額外負擔，現在已經暫緩實施。繳稅是一回事，保單變更申請是另一回事，兩件事都是獨立事件。若該申報繳稅而未申報，之後被國稅局查到會連補帶罰，和變更要保人無關。有的保險公司，會在變更完成後，會寄一張稅務相關的提醒文件給要保人，相當貼心；有的保險公司卻要客戶自己「記得」去申報。

6. 如果受益人只寫一人，且理賠金額很高，表 1-4-1 建議改為順位：1. 第一個要照顧的人；2. 第二個要照顧的人；3.法定繼承人（避免被課遺產稅）。

7. 要保人死亡，需要進行要保人變更。如果繼承人之間無法達成協議，推出一個新的要保人，則保險可能要等到被保險人死亡時再處理。

8. 俗稱三代保單，還本型儲蓄險常見，生存保險金先由祖母領。

祖母過世後變更要保人和受益人為媳婦，由媳婦(孫的母親)繼續領生存保險金。媳婦死後再變更要保人和受益人為孫，由孫繼續領生存保險金。如果孫的壽命夠長，生存保險金可領三代。變更要保人時，需要提供證明祖母和媳婦的關係，就是身分證件和媳婦的戶籍謄本。此例中，每次變更要保人時，都要所有繼承人同意才行，比較麻煩。

保險稅務

　　要保人和受益人不同時，就可能產生「最低稅負制」，受益人要申報所得稅。如果要保人死亡，保價金或解約金就會納入要保人的遺產。被保險人受醫療傷害時，醫療傷害理賠金會給被保險人本人。年金保險受益人於被保險人生存期間為被保險人本人。要保人變更時，是贈與行為，可能產生贈與稅。滿期金到期給付時，若要保人與受益人不同時，也算是贈與行為，可能產生贈與稅。夫妻之間贈與，不論金額大小，都沒有贈與稅問題。

　　我們在購買保險時，保險上受益人欄位一定不能空白，記得填寫受益人名字或法定繼承人。這樣做的話：「當被保險人死亡，死亡給付給受益人時，傳統型保險和投資型保險的一般帳戶至少不會產生遺產稅，但投資型保險的分離帳戶可能還是會有稅的問題。」

　　實務上，大保額的增額壽險／利率變動型壽險和年金險／年金險／投資型保險，稅務問題可能會很複雜。有申報遺產稅或是贈與稅需求時，要特別小心求教於專業人士或國稅局人員，避免踩雷。

投資型保險有可能要申報課稅

從 2000 年 11 月發行第一張投資型人壽保險以來，讓保險從傳統的保本穩健，進入新的里程，也擴大保險的理財功能。針對投資型保險的課稅問題其實已經爭議多年，財政部在 2009/11/06 正式發布解釋令針對 2010/01/01 後所訂立的投資型保單契約，針對投資帳戶的收益及孳息計入要保人的所得課徵所得稅，對於之前的投資型保險，則不溯及既往。

保險課稅可分三大階段

保險金額約定於被保險人死亡時給付於其所指定之受益人者，其金額不得作為被保險人之遺產（保險法第 112 條）。左列各款不計入遺產總額：約定於被繼承人死亡時，給付其所指定受益人之人壽保險金額、軍、公教人員、勞工或農民保險之保險金額及互助金。（遺產及贈與稅法第 16 條第 9 款）。下列各種所得，免納所得稅：人身保險、勞工保險及軍、公、教保險之保險給付。（所得稅法第 4 條第 7 款）。死亡保險契約未指定受益人者，其保險金額作為被保險人之遺產（保險法第 113 條）

1. 2006/01/01 實施最低稅負制之前的保險

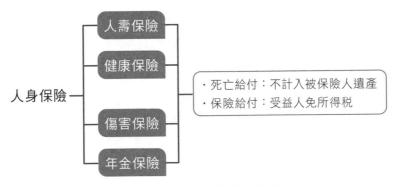

圖 1-5-1 保險課稅第一階段
吳家揚/製圖

要特別注意，在保險受益人的位置，記得要填寫受益人名字或法定繼承人，才不會被列入被保險人的遺產。

2. 2006/01/01 實施最低稅負制之後購買的保險之稅務，之前的保險不溯及既往

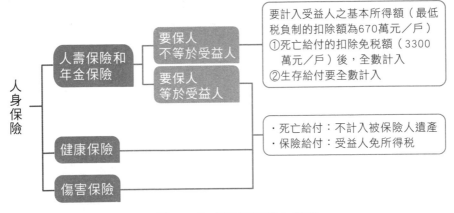

■ 圖 1-5-2 保險課稅第二階段
吳家揚/製圖

3. 2010/01/01 以後購買的投資型保險之稅務,之前的投資型保險不溯及既往

　　保險課稅第三階段,於 2022/01/04 我辦理遺產稅時,面對面和國稅局人員討論,確定課稅架構如下:

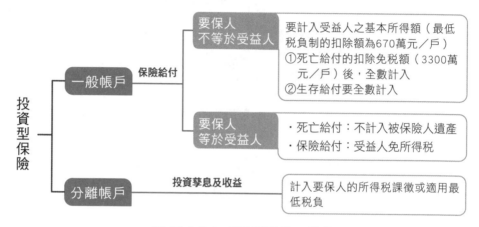

■ 圖 1-5-3 保險課稅第三階段
吳家揚/製圖

　　一般帳戶,由保險公司負責;但分離帳戶就是自己的錢,和保險公司無關。投資型保險會牽涉到所得稅、贈與稅、遺產稅和最低稅負制等相關稅賦問題,要考慮要保人、被保險人和受益人的安排。

分離帳戶內的基金投資課稅問題

　　投資型保險「分離帳戶」中的投資標的「基金」,會牽涉課稅問題:

　　1. 國內基金不管基金的投資標的是台灣市場還是海外市場,買賣差價的獲利亦即資本利得,皆不需課稅,因為免徵證所稅。

　　2. 國內基金投資台灣市場,配息按分配的所得類別課稅;如果配息單筆超出 2 萬元,需要另繳二代健保補充保費(**2.11%**)。國內基金投資海外市場,配息屬於海外所得,將列入最低稅負制中來課徵。

3.海外基金的配息和資本利得，均屬於海外所得，將列入最低稅負制中來課徵。

每年報稅前，金融保險機構會寄出扣繳憑單，要依法申報。如果沒收到扣繳憑單，記得向金融保險機構要，避免補稅或受罰。

一般人買的保險額度都課不到稅，除非保費或保額非常非常大。

最低稅負制

個人可直接投資海外金融商品如股票、基金、債券等，或透過銀行指定用途信託基金，或證券商之受託買賣國外有價證券等方式，進行海外投資。台灣的金融機構年度會寄發海外所得通知單給投資人，做為申報海外所得的參考。如果有大額的海外投資獲利，可能就要考慮「最低稅負制」中的「基本所得額」。

最低稅負制中的「基本所得額」，有 6 大項目：1.海外所得、2.特定保險給付、3.私募證券投資信託基金的受益憑證交易所得、4.申報綜合所得稅時採列舉扣除額之「非現金捐贈金額」（如：土地、納骨塔、股票等）、5.個人綜合所得稅的「綜合所得淨額」，和6.選擇分開計稅之股利及盈餘合計金額。

補充說明：

1. 海外所得：指未計入綜合所得總額之非中華民國來源所得及香港澳門地區來源所得。一申報戶全年合計數未達新台幣 100 萬元者，免予計入；在新台幣 100 萬元以上者，應全數計入。
2. 特定保險給付：受益人與要保人非屬同一人之人壽保險及年金保險給付，但死亡給付每一申報戶全年合計數在 3,330 萬元以下部分免予計入。超過 3,330 萬元者，扣除 3,330 萬元後之餘額應全數計入。

> 最低稅負制的基本稅額＝（基本所得額－扣除額）×稅率。
>
> 目前是單一稅率 20%，扣除額是 670 萬元。

稅法規定簡單說明如下：

1. 海外所得＜100 萬元，免計入基本所得額。

2. 海外所得≧100 萬元，應計入基本所得額，但因基本所得額≦670 萬元，無須繳納基本稅額。

3. 海外所得≧100 萬元、基本所得額＞670 萬元，但因「基本稅額≦一般所得稅額」，只需繳一般所得稅額。

4. 海外所得≧100 萬元、基本所得額＞670 萬元、且「基本稅額＞一般所得稅額」時，要繳納基本稅額。

一般所得稅額為當年度依所得稅法規定計算之應納稅額，減除申報投資抵減稅額後之餘額。選擇股利及盈餘分開計稅者，一般所得稅額應加計「股利及盈餘分開計稅應納稅額」。絕大多數的納稅義務人，只會用到一般所得稅額而不會用到基本稅額去申報所得稅。常年會用到最低稅負制的納稅義務人，都是高資產的有錢人，在台灣應該不會超過 3%。我們一般人就利用財政部的軟體來申報所得稅，不用特別去傷腦筋。

■ 表 1-5-1 110 年度綜合所得稅速算公式　　　（單位：新台幣/元）

級別	應納稅額＝綜合所得淨額×稅率－累進差額
1	0－540,000×5%－0
2	540,001～1,210,000×12%－37,800
3	1,210,001～2,420,000×20%－134,600
4	2,420,001～4,530,000×30%－376,600
5	4,530,001以上×40%－829,600

資料來源：財政部官網

舉例：吳先生有一筆財產交易所得 1,800 萬元，若不包含股票且全部配置在國內，適用綜所稅稅率 40%，需繳

一般所得稅額＝$18,000,000 \times 40\% - 829,600 = 6,370,400$ 元

若以國內不包含股票 900 萬元和國外 900 萬元的方式配置

一般所得稅額＝$9,000,000 \times 40\% - 829,600 = 2,770,400$ 元

基本稅額＝$(18,000,000 - 6,700,000) \times 20\% = 2,260,000$ 元

只需繳一般所得稅額 2,770,400 元

不同的投資策略，可造成 360 萬元（$= 6,370,400 - 2,770,400$）的節稅效果。

實質課稅原則

涉及租稅事項之法律，其解釋應本於租稅法律主義之精神，依各該法律之立法目的，衡酌經濟上之意義及實質課稅之公平原則為之。（稅捐稽徵法第 12 條第 1 款）

保險不外乎有所得稅、贈與稅、遺產稅和最低稅負制，一般人不容易被課到這些稅，除非是高資產人士的超大額保險。

財政部於 2020/07/01 重新檢討「實務上死亡人壽保險金依實質課稅原則核課遺產稅案例及參考特徵」，認定 8 類壽險保單投保方式，會被國稅局判定有意圖規避遺產稅，仍須將這筆保險金計入遺產總額項目。有心人想要避稅，最後被財政部用「保險 8 大態樣」實質課稅。8 大態樣為：「重病投保、高齡投保、短期投保、躉繳投保（一次性大額繳清保費）、巨額投保、密集投保、舉債投保（如向銀行貸款買保單等情況）、保險費高於或等於保險給付金額。」

資料來源

投資型保險概論

當保險或投資型保險有稅務爭議，先和國稅局「面對面」溝通。現在電腦和資訊很發達，如果國稅局勾稽到你逃漏稅，發公文給你或請你去喝咖啡，表示他們掌握到很明確的證據了。先溝通，或許補稅難免但盡量降低罰款金額。如果自認為自己沒問題且溝通無效，只好進入法院攻防了。

第 2 章

投資型
人壽保險的一般帳戶

教你看懂投資型人壽保險的保單條款

　　本章以富邦人壽官網上的「富貴吉祥變額萬能壽險（V2）（UNA）」為例，列舉一些重要條款來說明。如果保險法有提到的，這裡就不再重複。保單要有效，一定要繳費，該繳費而不繳費造成的損失很大，不特別提醒。

　　重要的保險條款，用➡表示轉成白話文解釋或重點提示，以方便讀者了解閱讀。沒列在這裡的條款都和基金投資有關，在他其章節會加以說明。如果沒特別註明是投資型人壽保險專有的特性，就和一般保險條款無異，也適用於一般傳統型人壽保險。

保單條款

第 1 條【保險契約的構成】

　　本保險單條款、附著之要保書、批註及其他約定書，均為本保險契約（以下簡稱本契約）的構成部分。本契約的解釋，應探求契約當事人的真意，不得拘泥於所用的文字；如有疑義時，以作有利於被保險人的解釋為準。

　　➡所有文件都應該整理好收好。遇到理賠和保險公司有爭議時，以條款有利於自己的方面解釋，來爭取自己的權益。基本上，只要說得通又合理，現在的法官判決會比較偏向保戶。

　　本契約分甲、乙二型，要保人應於要保書中擇一投保，所投保之型別並將載明於本契約保單首頁。

　　➡此小段文字，是投資型保險特有條款。

第 2 條【名詞定義】

4.「目標保險費」：係指要保人與本公司約定每期應繳之保險費，用以提供被保險人身故、完全失能保障及投資需求，其數額記載於保單首頁。

5.「超額保險費」：係指由要保人申請並經本公司同意，為增加其保單帳戶價值，於目標保險費以外所繳付之保險費。超額保險費得以定期或不定期方式繳交，要保人應先繳足當期之目標保險費後，始得計入超額保險費。

6.「保費費用」：係指因本契約簽訂及運作所產生並自保險費中扣除之相關費用，包含核保、發單、銷售、服務及其他必要費用。

7.「保單管理費」：係指為維持本契約每月管理所產生且自保單帳戶價值中扣除之費用。

8.「保險成本」：係指提供被保險人本契約身故、完全失能保障所需的成本。由本公司每月根據訂立本契約時被保險人的性別、扣款當時之保險年齡、體況及淨危險保額計算。

➡ 這裡只先列出幾個定義和部分重點，方便接下來 CH2-3 和 CH2-4 的說明。因為是投資型人壽保險，除定義保額之外，因收費方式種類很多，且牽涉到投資基金的收費和淨值計算，非常複雜，會在其他章節解釋清楚。

第 3 條【保險責任的開始及交付保險費】

本公司對本契約應負的責任，自本公司同意承保且要保人交付第一期保險費時開始，本公司並應發給保險單作為承保的憑證。要保人在本公司簽發保險單前先交付相當於第一期保險費，而發生應予給付之保險事故時，本公司仍負保險責任。前項情形，在本公司為同意承保與否之意思表示前，發生應予給付之保險事故時，本公司仍負保險

責任。

➡當保單簽約後，保險公司的責任就開始了。至於會不會理賠，看條款「等待期」而定。等待期是購買保單後，必須經過一定的期間之後所發生的保險事故，保險公司才會進行理賠。一般來說，住院醫療險的等待期，疾病通常是 30 天，而重大疾病險通常是 90 天。

要保人投保本契約同時參與全權委託投資帳戶募集者，若全權委託投資帳戶募集不成立，本契約自始無效。本公司應以書面通知並依約定將保險費退還要保人。但全權委託投資帳戶投資起始日以前，若發生本契約約定之保險事故者，視為契約有效，本公司依約定給付保險金而不退還保險費。

➡此小段文字，是投資型保險特有條款。

第 4 條【契約撤銷權】

要保人於保險單送達的翌日起算 10 日內，得以書面檢同保險單親自或掛號郵寄向本公司撤銷本契約。要保人依前項規定行使本契約撤銷權者，撤銷的效力應自要保人親自送達時起或郵寄郵戳當日零時起生效，本契約自始無效，本公司應無息退還要保人所繳保險費；本契約撤銷生效後所發生的保險事故，本公司不負保險責任。但契約撤銷生效前，發生保險事故者，視為未撤銷，本公司仍應依本契約規定負保險責任。

➡購買保險後，會有一張「保單簽收回條」，要簽名簽日期，畫押 10 天之後，保險就無法再用任何理由不認帳。10 天之後，如果真的不要這張保險，只能解約、減額或展期來處理。但如果買了之後反悔，10 天之內向保險公司撤銷這張保險，或不要在保單簽收回條上簽名和簽日期，保險自然作廢不會生效。

第 5 條【保險範圍】

本契約有效期間內，本公司依第 25 條至第 28 條約定給付保險金。因為比較複雜，用 CH2-5 來特別說明。

第 11 條【保險費交付及基本保額變更的限制】

因為牽涉到「死亡給付對保單帳戶價值之最低比率」比較複雜，會有專章 CH2-6 來特別說明。

第 19 條【保單帳戶價值之通知】

本契約於有效期間內，本公司將依約定方式，採書面或電子郵遞方式每 3 個月通知要保人其保單帳戶價值。前項保單帳戶價值內容包括如下：1.期初及期末計算基準日。2.投資組合現況。3.期初單位數及單位淨值。4.本期單位數異動情形（含異動日期及異動當時之單位淨值）。5.期末單位數及單位淨值。6.本期收受之保險費金額。7.本期已扣除之各項費用明細（包括保費費用、保單管理費、保險成本）。8.期末之保險金額、解約金金額。9.期末之保險單借款本息。10.本期收益分配情形。

➡投資型保險特有條款，每 3 個月會寄書面資料，讓我們知道保單帳戶價值。你也可以透過網路，登錄保戶會員專區，隨時掌握保單帳戶價值。

第 24 條【失蹤處理】

➡失蹤者，如經法院宣告死亡時，受益人領取保單帳戶價值和給付身故保險金或喪葬費用保險金保險給付。如發現被保險人生還時，錢要歸還給保險公司。

第 29~32 條【保險金的申領】

➡基本上，文件要齊全，缺一不可，沒得商量。若有缺，可能要透過法律途徑來解決。

第 33 條【除外責任】

有下列情形之一者，本公司不負給付保險金的責任：1.要保人故意致被保險人於死。2.被保險人故意自殺或自成完全失能。但自契約訂立或復效之日起 2 年後故意自殺致死者，本公司仍負給付身故保險金或喪葬費用保險金之責任。3.被保險人因犯罪處死或拒捕或越獄致死或完全失能。前項第 1 款及第 34 條情形致被保險人完全失能時，本公司按第 27 條的約定給付完全失能保險金。

➡這裡強調要保人和被保險人的除外責任。

第 1 項各款情形而免給付保險金者，本公司依據要保人或受益人檢齊所須文件送達本公司之日為基準日，依附表三「評價時點一覽表」贖回評價時點所約定的淨值資產評價日之投資標的價值計算保單帳戶價值，依照約定返還予應得之人。

➡投資型保險特性，保單帳戶價值非保險公司所擁有，要返還給應得的人。

> 舉例：志明為要保人，小孩為被保險人，投保壽險保額 200 萬元，受益人為志明和小孩的媽媽春嬌。志明故意致小孩於死，但春嬌未參與謀殺行動。受益人可領多少錢？
>
> A：0 元。要保人父親志明犯罪，觸犯天條，所以保險公司除外不理賠，當然媽媽春嬌也拿不到理賠金。但保單價值準備金會反還應得的人，應得的人和有沒有犯罪無關。

第 34 條【受益人受益權之喪失】

　　受益人故意致被保險人於死或雖未致死者，喪失其受益權。前項情形，如因該受益人喪失受益權，而致無受益人受領身故保險金或喪葬費用保險金時，其身故保險金或喪葬費用保險金作為被保險人遺產。如有其他受益人者，喪失受益權之受益人原應得之部分，依原約定比例計算後分歸其他受益人。

　　➡這裡強調受益人的除外責任。假設受益人有 ABC 三人，當 A 故意傷害被保險人，身故或喪葬理賠金產生時，理賠金只會均分給 BC 兩人。受益人犯罪，只有犯罪的人被除外而已。但如果 A 也同時是要保人，則保險公司不理賠，其他受益人也拿不到理賠金。

第 35 條【未還款項的扣除】

　　本公司給付各項保險金、定期自專屬帳戶匯出金額、返還保單帳戶價值及償付解約金、部分提領金額時，如要保人仍有保險單借款本息或寬限期間欠繳之保險成本、保單管理費等未償款項者，本公司得先抵銷上述欠款及扣除其應付利息後給付其餘額。

　　➡欠錢，就從保單帳戶價值內扣。

第 36 條【基本保額變更的申請】

　　要保人在本契約有效期間內，得申請減少基本保額，但是減額後的基本保額，不得低於本保險最低承保金額。要保人在本契約有效期間內，得檢具可保性證明文件，經本公司同意後增加基本保額。前二項變更，須符合第 11 條第 2 項約定。

　　➡減額只要申請就好，增額要經保險公司同意才行。

第 37 條【保險單借款及契約效力的停止】

　　本契約有效期間內，要保人得向本公司申請保險單借款，其可借

金額上限為借款當日保單帳戶價值之 50%。當日保單帳戶價值係指本公司收到借款書面通知當日獲致最新之投資標的單位淨值及匯率所計算之數額。當未償還之借款本息，超過本契約保單帳戶價值之 80%時，本公司應以書面或其他約定方式通知要保人；如未償還之借款本息超過本契約保單帳戶價值之 90%時，本公司應再以書面通知要保人償還借款本息，要保人如未於通知到達翌日起算 7 日內償還時，本公司將以保單帳戶價值扣抵之。但若要保人尚未償還借款本息，而本契約累積的未償還之借款本息已超過保單帳戶價值時，本公司將立即扣抵並以書面通知要保人，要保人如未於通知到達翌日起算 30 日內償還不足扣抵之借款本息時，本契約自該 30 日之次日起停止效力。本公司於本契約累積的未償還借款本息已超過保單帳戶價值，且未依前項約定為通知時，於本公司以書面通知要保人之日起 30 日內，要保人未償還不足扣抵之借款本息者，保險契約之效力自該 30 日之次日起停止。

➡ 手續很方便，以前只要打電話就可以辦理。現在無法使用電話借款，必須臨櫃或透過網路申請才行。貸款金額幾個小時後就撥下來，但貸款利率一定比保單預定利率高 0.25%~0.5%，除非是公司促銷期間。短期週轉還可以忍受，長期可能會有失去保單的風險。

第 45 條【時效】

由本契約所生的權利，自得為請求之日起，經過 2 年不行使而消滅。

➡ 商業保險的請求權時效只有 2 年，很重要。

投資型人壽保險的一般帳戶

投資型人壽保險的保險商品說明書

　　本章以富邦人壽官網上的「富邦人壽富貴吉祥變額萬能壽險（V2）（UNA）」的產品說明書為例，以下是幾個重要的注意事項，用➡轉成白話文方來解釋或重點提示，以方便讀者理解與閱讀。有許多內容在 CH2-1 已重複，不再贅述。

注意事項

　　投資型保險會有一本厚厚的「商品說明書」，在一般傳統型保險中是看不到的。產品書明書的前兩三頁，幾乎每張投資型保險都會有的警語如下：

　　本商品所連結之一切投資標的，其發行或管理機構以往之投資績效不保證未來之投資收益，除保險契約另有約定外，本公司不負投資盈虧之責，要保人投保前應詳閱本說明書。

　　➡和購買基金一樣，會有大大字的紅色警語。

　　人壽保險之死亡給付及年金保險之確定年金給付於被保險人死亡後給付於指定受益人者，依保險法第 112 條規定不得作為被保險人之遺產，惟如涉有規避遺產稅等稅捐情事者，稽徵機關仍得依據有關稅法規定或稅捐稽徵法第 12 條之 1 所定實質課稅原則辦理。相關實務案例請至富邦人壽官網詳閱。

　　➡詳見 CH1-5。

　　本商品保險保障部分受「財團法人保險安定基金」之「人身保險安定基金專戶」保障，但投資型保險商品之專設帳簿記載投資資產之

價值金額不受人身保險安定基金之保障。

➡一般帳戶保險公司要負責，但分離帳戶要自己負責。

本說明書之內容如有虛偽、隱 或不實，應由本公司及負責人與其他在說明書上簽章者依法負責。

➡保險公司和其負責人還有相關該負責的人，依法不能亂搞。

本商品連結之投資標的皆無保本、提供定期或到期投資收益，最大可能損失為全部投資本金。要保人應承擔一切投資風險及相關費用。要保人於選定該項投資標的前，應確定已充分瞭解其風險與特性。

➡分離帳戶要自己負責，保險公司沒有任何保證。世上沒有穩賺不賠的投資標的，最大損失為投資本金，購買前要看清楚才下手。

基金的配息可能由基金的收益或本金中支付。任何涉及由本金支出的部分，可能導致原始投資金額減損。本公司委託全權委託投資事業代為運用與管理之全權委託帳戶之資產撥回機制可能由該帳戶之收益或本金中支付。任何涉及該帳戶本金支出的部分，可能導致原始投資金額減損。本公司委託全權委託投資事業代為運用與管理之全權委託帳戶之資產撥回比率並不代表報酬率，本全權委託帳戶淨值可能因市場因素而上下波動。

➡收費方式和淨值計算很複雜，自己要先搞清楚。事實上，許多事情我們也搞不清楚，只好相信保險公司的算法。

基金禁止短線交易及其他異常交易，依照各基金公司之相關規定，當基金公司認為任何投資者違反短線交易限制，或當其他異常交易影響基金投資管理策略或損及整體基金受益人之權益時，可保留、限制或拒絕受理該等投資人所提出之基金申購或轉換申請之權利，或收取短線交易罰金。相關短線交易限制公布於各基金公司網站，為維

護您的權益，提醒您於每次投資共同基金時詳閱基金公司網頁上最新之基金公開說明書。

➡不鼓勵短期交易，基金原則上以長期持有為主。短進短出，手續費驚人，可能會侵蝕收益和獲利率。除非有很好的方式，詳見CH5-4。

本項重要特性陳述係依主管機關所訂「投資型保險資訊揭露應遵循事項」辦理，可幫助您瞭解以決定本項商品是否切合您的需要。保險費繳納採約定定期繳費：1.這是一項長期投保計畫，一旦早期解約，您可領回之解約金有可能小於已繳之保險費。2.只有在您確定可進行長期投保，您才適合選擇本計畫。3.您必須先謹慎考慮未來其他一切費用負擔後，再決定您可以繳付之保險費額度。保險費繳納採彈性繳費：1.您的保單帳戶餘額是由您所繳保險費金額及投資報酬，扣除保單相關費用、借款本息及已解約或已給付金額來決定。2.一旦早期解約，您可領回之解約金有可能小於已繳之保險費。

➡要提前解約可能造成額外的損失。

保險商品說明

投資型人壽保險結合「彈性繳費」及「投資自主」，在保險期間內提供投資人身故（完全失能）之保障，並可依照不同時期之財務需求，自由選擇多檔國內外精選基金、指數股票型基金、全權委託投資帳戶及貨幣帳戶。

➡保險公司依法律規定來幫我們選擇投資標的，設計好放入每張保險之中，因此我們在購買保險時，投資標的已經被限制了，可選擇的投資標的也有限。每張保險可選擇的投資標的不盡相同，保險中的投資標的幾乎就固定不變了。如果有變化，大概就是基金清算或合併或更名，標的只會減少不容易增加。如果想要變更投資標的沒有在保

險清單中，可能就要再購買新保險。投資相關費用很多，專家代操（CH4-4）也要付出代價。

■ 表 2-2-1 投資相關費用

三、投資相關費用	1.申購手續費	開放型基金：富邦人壽未另外收取。指數股票型基金：由投資機構收取，請詳保險單條款附表「投資機構收取之相關費用收取表」。全權委託投資帳戶：富邦人壽未另外收取。
	2.經理費	已反應於投資標的淨值中 受委託管理之投信業者如有將類全委帳戶資產投資於該投信業者經理之基金時，則該部分帳戶資產之經理費不得計入年度委託報酬。 施羅德投信、富蘭克林華美投信、富邦投信、聯博投信如有將本投資帳戶資產投資於其經理之基金時，則該部分帳戶資產之經理費不得計入年度委託報酬。
	3.保管費	已反應於投資標的淨值中
	4.贖回費用	開放型基金：富邦人壽未另外收取，但若投資標的另有規定，且已反映於贖回時之單位淨值者，不在此限。指數股票型基金：由投資機構收取，請詳保險單條款附表「投資機構收取之相關費用收取表」。全權委託投資帳戶：富邦人壽未另外收取。
	5.轉換投資標的之作業費	要保人申請轉換投資標的時，就每一次之轉換，富邦人壽得分別收取新臺幣500元之作業費。但同一保單年度內申請轉換投資標的之累計未超過6次者，就所為之轉換，富邦人壽不收取前述之作業費。
	6.帳戶管理費	開放型基金：富邦人壽未另外收取。指數股票型基金：國內指數股票型基金每月收取0.06%；國外指數股票型基金每月收取0.1%。全權委託投資帳戶：富邦人壽未另外收取。
	7.其他費用	無
四、解約及部分提領費用	1.解約費用	富邦人壽未另外收取
	2.部分提領費用	富邦人壽未另外收取
五、其他費用(詳列費用項目)	1.短線交易費用	由投資標的發行公司收取，富邦人壽未另外收取。

資料來源：富邦人壽富貴吉祥變額萬能壽險（V2）DM

　　投資標的及配置比例約定（保險單條款第 14 條）；投資標的轉換（保險單條款第 16 條）；首次投資配置金額（保險單條款第 2 條第 12 款）；解約費用（保險單條款第 2 條第 9 款）；部分提領費用（保險單條款第 2 條第 10 款）；投資標的之收益分配或提解的運作（保險單條款第 15 條）；保單帳戶價值的部分提領（保險單條款第 21 條）。

　　➡這幾個和投資標的有關的條款和定義（保險單條款第 2 條），文字說明並不難懂，但也要搞清楚。

　　投資標的經理費及保管費反映於淨值之計算方式與收取方式，範

例說明如下：以連結基金為例假設保戶投資配置之淨保險費本息總和為新台幣 50,000 元，並選擇富邦大中華成長證券投資信託基金-（新台幣），經理費費率（每年）1.75%，保管費費率（每年）0.26%，且為簡化說明，假設保戶所持有該檔投資標的用以計算費用之價值皆未變動。

➡保戶投資於富邦大中華成長證券投資信託基金-（新台幣）每年最高應負擔之經理費及保管費如下：

50,000 ×（1.75% ＋ 0.26%） ＝ 1,005 元。

前述費用係每日計算並反映於基金淨值中，保戶無須額外支付。

通路服務費分成

富貴吉祥變額萬能壽險（V2）提供連結之基金及全權委託投資業務事業代為運用與管理專設帳簿資產所收取之通路報酬如下：

■ 表 2-2-2 通路服務費

投資機構支付		
編號	投資機構	通路服務費分成
1	安本標準投信	不多於 1%
2	聯博投信	不多於 1%
	委託聯博投信全權委託投資帳戶	無
3	富邦投信	不多於 1%
	委託富邦投信全權委託投資帳戶	無

資料來源：富邦人壽富貴吉祥變額萬能壽險（V2）商品說明書

➡有些費用我們也看不懂，就相信保險公司吧。

重頭戲來了

每張投資型保險的商品說明書或保單條款內，都會有投資標的。保單條款會說明投資標的收費情況，而商品說明書會強調投資標的風險屬性和過去的投資報酬率。舉例如下：

■ 表 2-2-3 投資標的

四、投資標的簡介 （欲查詢最新資料，請參閱本公司網站 http://www.fubon.com）

本公司為您精選的國內外基金及全權委託投資帳戶，您可依照自己人生不同階段的需求變化來挑選適合自己的投資組合，投資標的指定之配置比例須為百分之五以上的整數且總和應等於百分之一百。

（一）、投資標的說明一【國內外基金、貨幣帳戶及專屬帳戶】

基金型態	種類	投資標的	投資地區地理分佈	基金規模	投資績效（%）			風險係數（年化標準差,%）			計價幣別
					一年（或成立至今）	二年	三年	一年	二年	三年	
股票型		富邦長紅證券投資信託基金	投資國內台灣	1,134.1 百萬新臺幣	19.2	55.1	37.8	32.1	25.0	24.2	新臺幣
		富邦精準證券投資信託基金	投資國內台灣	1,022.6 百萬新臺幣	21.6	55.2	38.2	30.9	23.6	23.2	新臺幣
平衡型		普信環球策略基金 - 環球策略股票基金 C 收益股份	投資海外全球-混合	1,467.3 百萬美元	1.7	7.6	2.5	25.0	21.8	18.9	美元
		安聯收益成長基金-AM 穩定月收額股(美元)【本基金有相當比重投資於非投資等級之高風險債券且配息來源可能為本金】	投資海外單一國家-美國	26,316.8 百萬美元	13.2	22.7	25.8	18.6	15.1	13.3	美元
		摩根投資基金-多重收益基金-JPM 多重收益(美元對沖)-A股(利率入息)【本基金有相當比重投資於非投資等級之高風險債券且配息來源可能為本金】	投資海外全球-混合	26,702.9 百萬美元	-3.5	5.7	-	14.3	10.7	-	美元

資料來源：富邦人壽富貴吉祥變額萬能壽險（V2）商品說明書

除列表外，舉例投資標的名稱為「富邦台灣 ETF 傘型證券投資信託基金之富邦台灣摩根指數股票型基金」，文字說明如下：

1. 追蹤標的指數：MSCI 台灣指數

2. 掛牌交易所/股票交易代號：TSE/0057

3. 投資目標：本基金追蹤之標的指數為 MSCI 台灣指數，該指數為部分集合指數，因此本基金將以完全複製法管理投資組合，如遇成分股流動性不足或其他市場因素使基金難以使用完全複製法管理投資組合，或預期標的指數成分股即將異動等情況，經理公司得視實際需要以最佳化法模擬指數表現，以追求貼近標的指數之績效表現。

4. 核准發行總面額：無限制

5. 經理人：楊貽甯（學歷：交通大學財務金融所碩士，經歷：富

投資型人壽保險的一般帳戶

邦投信量化及指數投資部基金經理人、國泰產險襄理）

6. 投資風險：本基金為指數股票型基金，係以分散風險，確保基金之安全，以追蹤標的指數績效為目標，惟風險無法因分散投資而完全消除。本基金主要相關風險有：類股過度集中之風險、產業景氣循環之風險、流動性風險、交易對手之信用風險、複製策略及追蹤誤差之風險、從事證券相關商品交易之風險、其他投資風險等，惟此並非揭露本基金所有之投資風險，有關本基金之投資風險，請詳閱本基金公開說明書。

➡ 這裡牽涉到的範圍甚廣：基金型態（開放型、指數股票型、貨幣型、專屬帳戶）、種類（股票型、債券型、平衡型、貨幣市場型、不動產證券化型、多重資產型）、投資標的名稱、投資地區地理分布（投資國內台灣、投資海外全球已開發市場、投資海外全球混合、投資海外單一國家美國、投資海外全球新興市場）、基金規模、投資績效（％）、風險係數（年化標準差％）和計價幣別（新台幣、美元、歐元和澳幣共四種貨幣），且非常複雜，而投資績效又牽涉到保單帳戶價值，所以會在 CH4 來加以說明。

➡ 這個部分和銀行賣的基金說明書幾乎一模一樣，差別在於通路和收費不同而已。如果你看懂了，就可以自己挑選基金，而不用受其他人的影響。

風險揭露

商品說明書的最後一頁，為符合法律規定，官樣文字也少不了，每張投資型保單都會有，只是文字大同小異：

1. 中途贖回風險：於契約有效期間內贖回退還當時保單帳戶價值，並不保證保本。

2. 匯兌風險：投資標的之計價幣別與本契約約定保單幣別不同

時，要保人於投資之初係以本契約約定保單幣別資金投入，需留意不同幣別間之孳息及本金返還時，**轉換回本契約約定保單幣別資產將可能低於投資本金之匯兌風險**。

　　3. 流動性風險：因市場成交量不足，無法順利處分持股或以極差價格成交所致損失發生之可能性。

　　4. 信用風險：保單帳戶價值獨立於本公司之一般帳戶外，因此要保人或受益人需自行承擔發行或保證機構履行交付投資金額與收益義務之信用風險。

　　5. 市場價格風險：投資標的之市場價格，受金融市場發展趨勢、全球景氣、各國經濟與政治狀況等影響，發行或管理機構以往之投資績效不保證未來之投資收益，本公司亦不保證投資標的之投資報酬率，且不負投資盈虧之責。

　　6. 法律風險：投資標的係發行機構依其適用法律所發行，其一切履行責任係由發行機構承擔，但要保人或受益人必須承擔因適用稅法法令之變更所致稅負調整或因適用其他法令之變更所致權益發生得、喪、變更的風險。舉例說明：投資標的可能因所適用法令之變更而致無法繼續投資、不能行使轉換或贖回之權利、或不得獲得期滿給付等情事。

　　7. 投資風險：本商品連結之投資標的皆無保本、提供定期或到期投資收益，最大可能損失為全部投資本金。要保人應承擔一切投資風險及相關費用。要保人於選定該項投資標的前，應確定已充分暸解其風險與特性。投資人投資以高收益債券為訴求之基金不宜占其投資組合過高之比重。高收益債券基金經金融監督管理委員會核准，惟不表示絕無風險。由於高收益債券之信用評等未達投資等級或未經信用評等，且對利率變動的敏感度甚高，故高收益債券基金可能會因利率上升、市場流動性下降，或債券發行機構違約不支付本金、利息或破產

投資型人壽保險的一般帳戶

而蒙受虧損。高收益債券基金不適合無法承擔相關風險之投資人。

　　➡簡單來說，買了投資型保險就要自己負責，保單帳戶價值和保險公司無關，7 大風險要自負。

CH2-3 投資型人壽保險乙型（B型）的保費費用和保險相關費用說明

投資型人壽保險的收費真的很複雜，但只要你有心並不難懂。

人壽保險的架構和費用

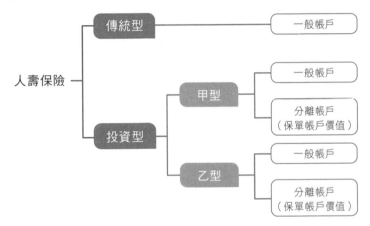

■ 圖 2-3-1 人壽保險的架構
吳家揚/製圖

1. 傳統型人壽保險只有一種帳戶，叫做一般帳戶，保費計算基礎是純保險費和附加保險費。純保險費為將來死亡理賠金和生存理賠金預做準備；而附加保險費為維持管理制度的費用，包含業務員佣金和公司運作的費用等等。死亡保險費就是死亡保險金的財源；而生存保險費就是生存保險金的財源。（見圖 2-3-2）

一般帳戶是保險公司要負責任和保戶無關，所以各方面的透明度都很低，因為保險公司不會告訴你業務員的佣金是多少，他們的營運費用是多少，還有很多事情都不會告訴你。因此避免選到有問題的保險公司變得很重要，是我們自己要做的功課。

怎麼評估一家保險公司的穩定與否？有幾項簡單原則可供評估，亦及保險公司賺錢的三個項目：預定死亡率（壽險和保費成正比，但年金險則相反）、預定利率（和保費成反比）和預定營業費用率（和保費成正比）。這和保險公司的規模、產品設計、投資績效、財務狀況都有高度相關。會擔心保險公司倒閉的人，就該選擇績優、賺錢、大型且口碑佳的保險公司投保。

■ 圖 2-3-2 傳統型人壽保險之費用
吳家揚/製圖

2. 投資型人壽保險有兩種帳戶，一般帳戶和分離帳戶。一般帳戶和傳統人壽保險的收費內容一樣，就是純保險費和附加保險費，透明度差。而分離帳戶是投資型保險特有的帳戶，是保戶自己的財產，保單帳戶價值和投資績效都與保險公司無關，透明度高。一般帳戶和分離帳戶的收費方式如下圖所示，非常複雜。

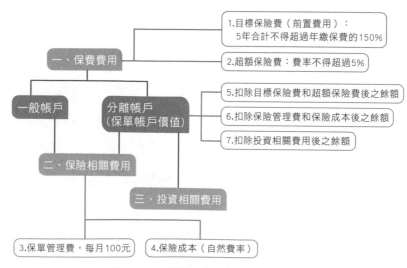

■ 圖 2-3-3 投資型人壽保險所有收費
吳家揚/製圖

舉實例試算

　　舉例的資料來源為富邦人壽官網 DM 和條款，富先生 40 歲，投保「富邦人壽富貴吉祥變額萬能壽險（V2）（乙型）」，基本保額為 100 萬元，每年繳交目標保險費（又稱為前置費用）新台幣 40,000 元，持續繳費 15 年。在扣除保費費用、保險成本及保單管理費後，剩餘之金額進入分離帳戶進行投資；在投資報酬率為＋5%，＋2%，0%或-5%時，其年度末身故保險金或完全失能保險金、年度末保單帳戶價值及年度末解約金如下表（假設未辦理保險單借款與保單帳戶價值的部分提領，並假設投資標的之收益分配或全委提解金額為新台幣 0 元的情況下試算）：

■ 表 2-3-1 保費費用和保費相關費用

費用項目		收費標準及費用
一、保費費用	1.目標保險費	第1年度：目標保險費的60%　　第4年度：目標保險費的15% 第2年度：目標保險費的30%　　第5年度：目標保險費的15% 第3年度：目標保險費的30%　　第6年度及以後：目標保險費的0%
	2.超額保險費	1000萬(不含)以內：5%　　　　3000萬~未滿4000萬：3.5% 1000萬~未滿2000萬：4.5%　　4000萬(含)以上：3% 2000萬~未滿3000萬：4%
二、保險相關費用	1.保單管理費	係指為維持本契約每月管理所產生且自保單帳戶價值中扣除之費用，此費用為每月新臺幣100元。
	2.保險成本	係指提供被保險人本契約身故、完全失能保障所需的成本(標準體之費率表如保險單條款附表)。由富邦人壽於每一保單週月日根據訂立本契約時被保險人的性別、扣款當時之保險年齡、體況及淨危險保額計算。

資料來源：富邦人壽富貴吉祥變額萬能壽險（V2）DM

■ 表 2-3-2 高保額折扣

註：高保費折扣：
年化目標保險費達新臺幣 60,000元(含)~未滿100,000元者：目標保險費費用率0.5%折扣(即目標保險費費用率-0.5%)
年化目標保險費達新臺幣100,000元(含)~未滿150,000元者：目標保險費費用率1%折扣(即目標保險費費用率-1%)
年化目標保險費達新臺幣150,000元(含)~未滿200,000元者：目標保險費費用率1.5%折扣(即目標保險費費用率-1.5%)
年化目標保險費達新臺幣200,000元(含)~未滿300,000元者：目標保險費費用率2%折扣(即目標保險費費用率-2%)
年化目標保險費達新臺幣300,000元(含)~未滿500,000元者：目標保險費費用率3%折扣(即目標保險費費用率-3%)
年化目標保險費達新臺幣500,000元(含)以上者：目標保險費費用率3.5%折扣(即目標保險費費用率-3.5%)

資料來源：富邦人壽富貴吉祥變額萬能壽險（V2）DM

■ 表 2-3-3 保費費用的目標保險費算法　　（單位：新台幣／元）

保單年度	保險年齡	保費費用	假設投資報酬率+2%					假設投資報酬率0%				
			保險成本	保單管理費	保單帳戶價值	身故保險金或完全失能保險金	解約金	保險成本	保單管理費	保單帳戶價值	身故保險金或完全失能保險金	解約金
1	40	23,600	1,524	1,200	13,975	1,013,975	13,975	1,524	1,200	13,676	1,013,676	13,676
2	41	11,600	1,668	1,200	40,323	1,040,323	40,323	1,668	1,200	39,208	1,039,208	39,208
3	42	11,600	1,812	1,200	67,053	1,067,053	67,053	1,812	1,200	64,596	1,064,596	64,596
4	43	5,600	1,968	1,200	100,280	1,100,280	100,280	1,968	1,200	95,828	1,095,828	95,828
5	44	5,600	2,136	1,200	134,001	1,134,001	134,001	2,136	1,200	126,892	1,126,892	126,892
10	49	-	3,252	1,200	339,171	1,339,171	339,171	3,252	1,200	306,792	1,306,792	306,792
20	59	-	6,684	1,200	580,759	1,580,759	580,759	6,684	1,200	445,568	1,445,568	445,568
30	69	-	16,032	1,200	573,626	1,573,626	573,626	16,032	1,200	322,664	1,322,664	322,664
40	79	-	41,280	1,200	375,152	1,375,152	375,152	41,280	1,200	25,772	1,025,772	25,772
50	89	-	-	-	-	-	-	-	-	-	-	-
60	99	-	-	-	-	-	-	-	-	-	-	-
70	109	-	-	-	-	-	-	-	-	-	-	-
71	110	-	-	-	-	-	-	-	-	-	-	-

資料來源：富邦人壽富貴吉祥變額萬能壽險（V2）DM

➡保費費用的目標保險費算法：分 5 年繳，5 年費用總共為應繳保費為 150%（＝60%＋30%＋30%＋15%＋15%）

第 1 年：40,000×60%（第 1 年費用 60%）－40,000×1%（銀行扣款優惠 1%）＝23,600

第 2 年和第 3 年：40,000×30%－40,000×1%＝11,600

第 4 年和第 5 年：40,000×15%－40,000×1%＝5,600

■ 表 2-3-4 保險成本算法　　（單位：新台幣／元）

保單年度	保險年齡	保費費用	假設投資報酬率+2%					假設投資報酬率0%				
			保險成本	保單管理費	保單帳戶價值	身故保險金或完全失能保險金	解約金	保險成本	保單管理費	保單帳戶價值	身故保險金或完全失能保險金	解約金
1	40	23,600	1,524	1,200	13,975	1,013,975	13,975	1,524	1,200	13,676	1,013,676	13,676
2	41	11,600	1,668	1,200	40,323	1,040,323	40,323	1,668	1,200	39,208	1,039,208	39,208
3	42	11,600	1,812	1,200	67,053	1,067,053	67,053	1,812	1,200	64,596	1,064,596	64,596
4	43	5,600	1,968	1,200	100,280	1,100,280	100,280	1,968	1,200	95,828	1,095,828	95,828
5	44	5,600	2,136	1,200	134,001	1,134,001	134,001	2,136	1,200	126,892	1,126,892	126,892
10	49	-	3,252	1,200	339,171	1,339,171	339,171	3,252	1,200	306,792	1,306,792	306,792
20	59	-	6,684	1,200	580,759	1,580,759	580,759	6,684	1,200	445,568	1,445,568	445,568
30	69	-	16,032	1,200	573,626	1,573,626	573,626	16,032	1,200	322,664	1,322,664	322,664
40	79	-	41,280	1,200	375,152	1,375,152	375,152	41,280	1,200	25,772	1,025,772	25,772
50	89	-	-	-	-	-	-	-	-	-	-	-
60	99	-	-	-	-	-	-	-	-	-	-	-
70	109	-	-	-	-	-	-	-	-	-	-	-
71	110	-	-	-	-	-	-	-	-	-	-	-

資料來源：富邦人壽富貴吉祥變額萬能壽險（V2）DM

➡保險成本算法＝參考標準體危險保額表（表 2-3-5）×基本保額×12（1 年 12 個月）

保險年齡 40＝1.27（每月每萬元基本保額）×100（萬保額）×12（1 年 12 個月）＝1,524

保險年齡 41＝1.39（每月每萬元基本保額）×100（萬保額）×12（1 年 12 個月）＝1,668

保險年齡 79＝34.4（每月每萬元基本保額）×100（萬保額）×12（1 年 12 個月）＝41,280

■ 表 2-3-5 標準體危險保額費率表

【附表五】標準體之費率表

富邦人壽富貴吉祥變額萬能壽險(V2)

(每月)　　　　　　　　　　　　　　　　　　　　　　　單位:元/每萬危險保額

年齡\性別	男性	女性	年齡\性別	男性	女性
0	0.27	0.21	-	-	-
1	0.16	0.12	56	4.51	1.92
2	0.14	0.10	57	4.84	2.06
3	0.12	0.09	58	5.19	2.22
4	0.10	0.08	59	5.57	2.41
5	0.10	0.07	60	6.22	2.77
6	0.09	0.07	61	6.67	3.00
7	0.09	0.07	62	7.18	3.27
8	0.10	0.06	63	7.74	3.57
9	0.10	0.06	64	8.37	3.91
10	0.10	0.06	65	9.39	4.67
11	0.11	0.06	66	10.19	5.12
12	0.13	0.06	67	11.12	5.66
13	0.15	0.07	68	12.18	6.27
14	0.19	0.08	69	13.36	6.97
15	0.25	0.11	70	15.42	8.10
16	0.28	0.12	71	16.86	9.00
17	0.32	0.13	72	18.43	10.04
18	0.34	0.14	73	20.14	11.21
19	0.36	0.15	74	22.02	12.54
20	0.36	0.15	75	23.90	13.61
21	0.37	0.16	76	26.17	15.26
22	0.38	0.16	77	28.66	17.12
23	0.39	0.17	78	31.41	19.18
24	0.39	0.17	79	34.40	21.47
25	0.41	0.20	80	37.65	23.99
26	0.42	0.21	81	41.15	26.76
27	0.43	0.22	82	44.93	29.82
28	0.45	0.23	83	49.04	33.22
29	0.47	0.24	84	53.53	37.01
30	0.55	0.26	85	58.46	41.28
31	0.58	0.28	86	63.90	46.09
32	0.62	0.30	87	69.89	51.51
33	0.67	0.32	88	76.25	57.60
34	0.73	0.34	89	82.96	64.40
35	0.81	0.37	90	90.68	71.99
36	0.89	0.40	91	99.60	80.42
37	0.97	0.43	92	108.45	89.76
38	1.06	0.46	93	118.10	100.11
39	1.16	0.50	94	128.61	111.53
40	1.27	0.55	95	140.07	124.14
41	1.39	0.59	96	152.57	138.04
42	1.51	0.64	97	166.19	153.31
43	1.64	0.69	98	181.04	170.05
44	1.78	0.74	99	197.23	188.36
45	2.01	0.85	100	214.87	208.32
46	2.17	0.91	101	233.56	229.99
47	2.34	0.98	102	252.82	253.43
48	2.52	1.05	103	273.28	278.66
49	2.71	1.13	104	294.95	305.67
50	2.89	1.19	105	317.80	334.39
51	3.10	1.27	106	352.52	374.03
52	3.32	1.37	107	390.26	415.61
53	3.56	1.46	108	427.12	463.77
54	3.82	1.56	109	465.49	516.22
55	4.22	1.80	110	833.33	833.33

資料來源：富邦人壽富貴吉祥變額萬能壽險（V2）DM

　　將年齡和危險保額作圖，就是指數次方的呈現，請參考 CH2-4 實例。（見圖 2-4-1）

■ 表 2-3-6 保單管理費　　　　（單位：新台幣／元）

保單年度	保險年齡	保費費用	假設投資報酬率+2%					假設投資報酬率0%				
			保險成本	保單管理費	保單帳戶價值	身故保險金或完全失能保險金	解約金	保險成本	保單管理費	保單帳戶價值	身故保險金或完全失能保險金	解約金
1	40	23,600	1,524	1,200	13,975	1,013,975	13,975	1,524	1,200	13,676	1,013,676	13,676
2	41	11,600	1,668	1,200	40,323	1,040,323	40,323	1,668	1,200	39,208	1,039,208	39,208
3	42	11,600	1,812	1,200	67,053	1,067,053	67,053	1,812	1,200	64,596	1,064,596	64,596
4	43	5,600	1,968	1,200	100,280	1,100,280	100,280	1,968	1,200	95,828	1,095,828	95,828
5	44	5,600	2,136	1,200	134,001	1,134,001	134,001	2,136	1,200	126,892	1,126,892	126,892
10	49	-	3,252	1,200	339,171	1,339,171	339,171	3,252	1,200	306,792	1,306,792	306,792
20	59	-	6,684	1,200	580,759	1,580,759	580,759	6,684	1,200	445,568	1,445,568	445,568
30	69	-	16,032	1,200	573,626	1,573,626	573,626	16,032	1,200	322,664	1,322,664	322,664
40	79	-	41,280	1,200	375,152	1,375,152	375,152	41,280	1,200	25,772	1,025,772	25,772
50	89	-	-	-	-	-	-	-	-	-	-	-
60	99	-	-	-	-	-	-	-	-	-	-	-
70	109	-	-	-	-	-	-	-	-	-	-	-
71	110	-	-	-	-	-	-	-	-	-	-	-

➡很簡單，保單管理費每月 100 元，每年為 1,200 元。

■ 表 2-3-7 保單帳戶價值算法　　　（單位：新台幣／元）

保單年度	保險年齡	保費費用	假設投資報酬率+2%					假設投資報酬率0%				
			保險成本	保單管理費	保單帳戶價值	身故保險金或完全失能保險金	解約金	保險成本	保單管理費	保單帳戶價值	身故保險金或完全失能保險金	解約金
1	40	23,600	1,524	1,200	13,975	1,013,975	13,975	1,524	1,200	13,676	1,013,676	13,676
2	41	11,600	1,668	1,200	40,323	1,040,323	40,323	1,668	1,200	39,208	1,039,208	39,208
3	42	11,600	1,812	1,200	67,053	1,067,053	67,053	1,812	1,200	64,596	1,064,596	64,596
4	43	5,600	1,968	1,200	100,280	1,100,280	100,280	1,968	1,200	95,828	1,095,828	95,828
5	44	5,600	2,136	1,200	134,001	1,134,001	134,001	2,136	1,200	126,892	1,126,892	126,892
10	49	-	3,252	1,200	339,171	1,339,171	339,171	3,252	1,200	306,792	1,306,792	306,792
20	59	-	6,684	1,200	580,759	1,580,759	580,759	6,684	1,200	445,568	1,445,568	445,568
30	69	-	16,032	1,200	573,626	1,573,626	573,626	16,032	1,200	322,664	1,322,664	322,664
40	79	-	41,280	1,200	375,152	1,375,152	375,152	41,280	1,200	25,772	1,025,772	25,772
50	89	-	-	-	-	-	-	-	-	-	-	-
60	99	-	-	-	-	-	-	-	-	-	-	-
70	109	-	-	-	-	-	-	-	-	-	-	-
71	110	-	-	-	-	-	-	-	-	-	-	-

資料來源：富邦人壽富貴吉祥變額萬能壽險（V2）DM

➡保單帳戶價值算法（和解約金算法一樣）：

保險年齡 40＝40,000－23,600－1,524－1,200＝13,676

保險年齡 41＝40,000×2－（23,600＋11,600）－（1,524＋
　　　　　　1,668）－1,200×2＝39,028

保險年齡 44＝40,000×5－（23,600＋11,600×2＋5,600×2）－
　　　　　　（1,524＋1,668＋1,812＋1,968＋2,136）－
　　　　　　1,200×5＝126,892

保單年度	保險年齡	保費費用	假設投資報酬率+2%					假設投資報酬率0%				
			保險成本	保單管理費	保單帳戶價值	身故保險金或完全失能保險金	解約金	保險成本	保單管理費	保單帳戶價值	身故保險金或完全失能保險金	解約金
1	40	23,600	1,524	1,200	13,975	1,013,975	13,975	1,524	1,200	13,676	1,013,676	13,676
2	41	11,600	1,668	1,200	40,323	1,040,323	40,323	1,668	1,200	39,208	1,039,208	39,208
3	42	11,600	1,812	1,200	67,053	1,067,053	67,053	1,812	1,200	64,596	1,064,596	64,596
4	43	5,600	1,968	1,200	100,280	1,100,280	100,280	1,968	1,200	95,828	1,095,828	95,828
5	44	5,600	2,136	1,200	134,001	1,134,001	134,001	2,136	1,200	126,892	1,126,892	126,892
10	49	-	3,252	1,200	339,171	1,339,171	339,171	3,252	1,200	306,792	1,306,792	306,792
20	59	-	6,684	1,200	580,759	1,580,759	580,759	6,684	1,200	445,568	1,445,568	445,568
30	69	-	16,032	1,200	573,626	1,573,626	573,626	16,032	1,200	322,664	1,322,664	322,664
40	79	-	41,280	1,200	375,152	1,375,152	375,152	41,280	1,200	25,772	1,025,772	25,772
50	89	-	-	-	-	-	-	-	-	-	-	-
60	99	-	-	-	-	-	-	-	-	-	-	-
70	109	-	-	-	-	-	-	-	-	-	-	-
71	110	-	-	-	-	-	-	-	-	-	-	-

資料來源：富邦人壽富貴吉祥變額萬能壽險（V2）DM

➡身故保險金或完全失能保險金算法：

保險年齡 40＝13,676＋1,000,000（乙型式固定的，為基本保額
　　　　　100 萬元）＝1,013,676

保險年齡 41＝39,028＋1,000,000＝1,039,208

保險年齡 44＝126,892＋1,000,000＝1,126,892

■ 表 2-3-9 投資報酬率 0%和＋2%　　（單位：新台幣／元）

保單年度	保險年齡	保費費用	假設投資報酬率+2%					假設投資報酬率0%				
			保險成本	保單管理費	保單帳戶價值	身故保險金或完全失能保險金	解約金	保險成本	保單管理費	保單帳戶價值	身故保險金或完全失能保險金	解約金
1	40	23,600	1,524	1,200	13,975	1,013,975	13,975	1,524	1,200	13,676	1,013,676	13,676
2	41	11,600	1,668	1,200	40,323	1,040,323	40,323	1,668	1,200	39,208	1,039,208	39,208
3	42	11,600	1,812	1,200	67,053	1,067,053	67,053	1,812	1,200	64,596	1,064,596	64,596
4	43	5,600	1,968	1,200	100,280	1,100,280	100,280	1,968	1,200	95,828	1,095,828	95,828
5	44	5,600	2,136	1,200	134,001	1,134,001	134,001	2,136	1,200	126,892	1,126,892	126,892
10	49	-	3,252	1,200	339,171	1,339,171	339,171	3,252	1,200	306,792	1,306,792	306,792
20	59	-	6,684	1,200	580,759	1,580,759	580,759	6,684	1,200	445,568	1,445,568	445,568
30	69	-	16,032	1,200	573,626	1,573,626	573,626	16,032	1,200	322,664	1,322,664	322,664
40	79	-	41,280	1,200	375,152	1,375,152	375,152	41,280	1,200	25,772	1,025,772	25,772
50	89	-	-	-	-	-	-	-	-	-	-	-
60	99	-	-	-	-	-	-	-	-	-	-	-
70	109	-	-	-	-	-	-	-	-	-	-	-
71	110	-	-	-	-	-	-	-	-	-	-	-

資料來源：富邦人壽富貴吉祥變額萬能壽險（V2）DM

情境 1. 在假設投資報酬率 0%的情形下，此保單將於被保險人 79 歲時，因保單帳戶價值，不足以支付相關費用時而終止。保單帳戶價值 25,772，而保險成本是 41,280，不足以支付相關費用。

情境 2. 在假設投資報酬率＋2%的情形下，此保單將於被保險人 85 歲時，因保單帳戶價值不足以支付相關費用時而終止。

➡ 投資報酬率＋2%的數字原則上為保單帳戶價值（身故保險金或完全失能保險金）＋0%的數字乘 1.02，用年度算會有些誤差，應以月或日來算會更精準。

■ 表 2-3-10 投資報酬率＋5%和-5% （單位：新台幣／元）

保單年度	保險年齡	保費費用	假設投資報酬率＋5%					假設投資報酬率-5%				
			保險成本	保單管理費	保單帳戶價值	身故保險金或完全失能保險金	解約金	保險成本	保單管理費	保單帳戶價值	身故保險金或完全失能保險金	解約金
1	40	23,600	1,524	1,200	14,423	1,014,423	14,423	1,524	1,200	12,930	1,012,930	12,930
2	41	11,600	1,668	1,200	42,019	1,042,019	42,019	1,668	1,200	36,474	1,036,474	36,474
3	42	11,600	1,812	1,200	70,847	1,070,847	70,847	1,812	1,200	58,701	1,058,701	58,701
4	43	5,600	1,968	1,200	107,256	1,107,256	107,256	1,968	1,200	85,364	1,085,364	85,364
5	44	5,600	2,136	1,200	145,313	1,145,313	145,313	2,136	1,200	110,531	1,110,531	110,531
10	49	-	3,252	1,200	394,843	1,394,843	394,843	3,252	1,200	239,667	1,239,667	239,667
20	59	-	6,684	1,200	862,133	1,862,133	862,133	6,684	1,200	227,545	1,227,545	227,545
30	69	-	16,032	1,200	1,250,466	2,250,466	1,250,466	16,032	1,200	37,138	1,037,138	37,138
40	79	-	41,280	1,200	1,666,265	2,666,265	1,666,265	-	-	-	-	-
50	89	-	99,552	1,200	1,834,155	2,834,155	1,834,155	-	-	-	-	-
60	99	-	236,676	1,200	901,635	1,901,635	901,635	-	-	-	-	-
70	109	-	-	-	-	-	-	-	-	-	-	-
71	110	-	-	-	-	-	-	-	-	-	-	-

資料來源：富邦人壽富貴吉祥變額萬能壽險（V2）DM

情境 3. 在假設投資報酬率-5%的情形下，此保單將於被保險人 70 歲時，因保單帳戶價值不足以支付相關費用時而終止。

情境 4. 在假設投資報酬率＋5%的情形下，此保單將於被保險人 102 歲時，因保單帳戶價值不足以支付相關費用時而終止。

➡ 投資報酬率＋5%或-5%的數字原則上為保單帳戶價值（身故保險金或完全失能保險金）＋0%的數字乘 1.05 或 0.95，用年度算會有些誤差，應以月或日來算會更精準。

➡ 簡化版的 DM 上雖然沒全部寫出所有欄位，無法直接看出保險終止時間，但可以自己算出。以上 DM 數字都是參考，實際就以

自己的保險為主。

投保規則

　　這是保險公司的內部規定，看不懂沒關係，投保時向業務員問清楚即可。

　　保險公司內有投保規則，官網上看不到，業務員也不會告訴你，例如「各投保年齡之最低及最高基本保額限制」等等。

■ 表 2-3-11 投保規則

◀投保規則　（詳細內容及規定，請參閱富邦人壽投保規則）

■保險年期/繳費年期：終身

■投保年齡：0-85歲

■繳別/繳費方式/保費費用折扣：

繳別		目標保險費		超額保險費	
		分期繳		不定期	定期定額
		未滿15足歲：限年繳 15足歲以上：年繳、半年繳、季繳、月繳		隨時	（詳保費規定）
繳費方式	首期	金融機構轉帳、 台北富邦信用卡、 匯款		金融機構轉帳、 台北富邦信用卡、 匯款	－
	續期	金融機構轉帳、 台北富邦信用卡、 自行繳費		金融機構轉帳、 台北富邦信用卡、 匯款	金融機構轉帳、 台北富邦信用卡
保費費用折扣	金融機構轉帳、 台北富邦信用卡、 自行繳費	第一至第五保險費年度目標保險費保費費用減免1%		無	無
	高保費	年繳化目標保險費範圍 / 保險費年度1-5年調降比率： 6萬元(含)~10萬元(不含) 0.5% 10萬元(含)~15萬元(不含) 1.0% 15萬元(含)~20萬元(不含) 1.5% 20萬元(含)~30萬元(不含) 2.0% 30萬元(含)~50萬元(不含) 3.0% 50萬元(含)以上 3.5%		－	

■投保限額：
　‧最低基本保額：10萬元，且不低於年繳化目標保險費×按投保年齡所對應之最低倍數。
　‧累計最高基本保額：最高累計6,000萬元且小於年繳化目標保險費×按投保年齡所對應之最高倍數。
　‧累計總限額請參閱現行投保規則

■要保人身份限制：
『美國國籍／稅籍』或『加拿大國籍／稅籍』之外國人因該國稅法規定，不得為要保人。

■附加附約：
(1)得附加一年期附約
(2)以基本保額1倍計算附約可附加額度

資料來源：富邦人壽富貴吉祥變額萬能壽險（V2）DM

　　我們不知道「投保規則」沒關係，這不重要，因為我們在投保時，業務員幫我們填寫「要保書」時，有些欄位若輸入範圍外的數字，電腦就會卡關如法進入下一步驟，這也是符合金管會規定的保單內控方法。我們要買到保單，就要符合「投保規則」內規才行。

■ 表 2-3-12　保險費限制

· 目標保險費/超額保險費/累計所繳保險費之限制：

項目	年齡	目標保險費	超額保險費		
保險費限制	15足歲以上	每期最低目標保險費：以百元為繳費單位 年繳：24,000元 半年繳：12,000元 季繳：6,000元 月繳：2,000元	不定期：每次繳交不得低於新臺幣10,000元	定期定額：每次繳交不得低於新臺幣1,000元	同一保單年度所繳之超額保險費累積最高不超過該年度所繳目標保險費之100倍
	未滿15足歲	年繳：10,000元			
累計所繳保險費之限制		累計同一被保險人所繳之目標保險費及超額保險費，不得超過新臺幣6,000萬元。（累計所繳保險費需扣除部份提領）			

◎本契約保險費繳交之金額限制，不得超過富邦人壽所規定之上下限範圍。

資料來源：富邦人壽富貴吉祥變額萬能壽險（V2）DM

小結

　　如果投資績效良好，投資型人壽保險可以撐很久；反之，則可能提早失效。

1

2

3

4

5

投資型人壽保險的一般帳戶

CH2-4 投資型人壽保險甲型（A 型）的保費費用和保險相關費用實例說明

　　我於 2004/08/27 購買一張 XX 人壽吉祥變額萬能終身壽險（VULA）A 型，保額 300 萬元。但在 2008 年金融海嘯時期，收到「保單帳戶價值」通知之後，發現自己的權益受損。當時並不知道發生甚麼事，經過多年的交涉，蒐證後發現竟然是行員偽造文書所造成。最後在 2012 年得到損失賠償，讓這件事落幕。然後誤打誤撞於 2012 年下半年進入保險業，陸續考取 15 張專業證照，開啟我的第二人生，變成現在的 CFP 國際認證高級理財規劃顧問（Certified Financial Planner）和 CSIA 證券投資分析人員（Certified Securities Investment Analyst，俗稱證券分析師）。

檢視績效發現問題

　　回想過去這段不愉快的經驗，我檢視投資績效發現異常後提出質疑，從 2008 年底到 2011 年初，幾年下來，來來回回給銀行打電話，搞不好打了上百通電話，每次就是換人再重新來過。最後客服人員才告知訴我，要說「我要申訴」這個通關密語，銀行或保險公司才會立案受理，否則只會當成抱怨客訴而不處理。且銀行只錄到幾通「抱怨」的電話而已，的確，我從沒說過「我要申訴」四個字。之後我在保險業幫別人處理保險理賠問題時，請申訴人告訴保險公司客服人員說「我要申訴」，的確滿好用的。

　　當時還會致電保險公司追問調查進度，代銷銀行與保險公司卻互踢皮球，意思是要我自己想辦法。最近這幾年來，法律比較完備了，代銷單位要負起 100% 的責任，但以前就是沒人鳥你。

2011 年初從半導體業離職後，常回南部探望住在醫院護理之家的媽媽，也利用這段時間，好好研究投資型人壽保險的收費方式和投資績效是如何影響保單帳戶價值。我想要徹底解決我的損失問題，2012/03/06 有機會去「保險公司客服人員的電腦」和客服人員一起查閱和影印資料，之後再多次到銀行面對面「溝通」。

評議中心出面幫忙解決問題

　　當然溝通只是浪費我的時間，毫無效果，且銀行不承認行員偽造文書和我損失的事。「偽造、變造私文書，足以生損害於公眾或他人者，處五年以下有期徒刑。（刑法第 210 條）」過程和細節就不詳訴了，我透過 2012 年初正式運作的財團法人金融消費評議中心（簡稱評議中心，是依 2011 年公布之《金融消費者保護法》設立，金管會百分之百捐助的財團法人）的幫助之下，幾個月內就解決數年間的紛爭。

研究保單的動機：計算損失

　　我因為有損失，所以要請求賠償，這是很簡單的想法。但銀行代表說「根據我們的專業，你並沒有任何損失」，天啊！我要求保險公司算出損失，保險公司說要寫程式，但程式申請公文流程可能要一年的時間，因為小程式不重要。反正回覆就是很扯，我只好自己計算，不到 4 小時，用基金歷史收盤價，一筆一筆全部用 EXCEL 反推算出我的損失。銀行和保險公司之後都承認我算得很正確，我也好奇問為何每個月會多收幾塊錢，他們認為是系統公式造成，然後就不了了之了。最後，銀行賠我數十萬元（90%以上的損失），讓保險回復到金融海嘯前的狀態，算是「圓滿」結束這案件。

XX 人壽吉祥變額萬能終身壽險（VULA）A 型（甲型）

延續 CH2-3，以富邦人壽富貴吉祥變額萬能壽險（V2）DM 為例，雖然 DM 只有乙型範例，但商品說明書中有甲型範例。

本章節舉一個我的實例，XX 人壽吉祥變額萬能終身壽險（VULA）A 型，保額 300 萬元，來說明投資型人壽保險甲型保險費用。這張保險成本表，保險中沒有，因為要計算我的帳戶價值損失，所以自己向保險公司要。現在的保險，一定會有這張危險保額表（見表 2-4-1）。但以前就是沒有，這張保險可以保到 104 歲。

將危險保額作圖（見圖 2-4-1），可看出呈現指數次方成長，男性比女性高出許多。

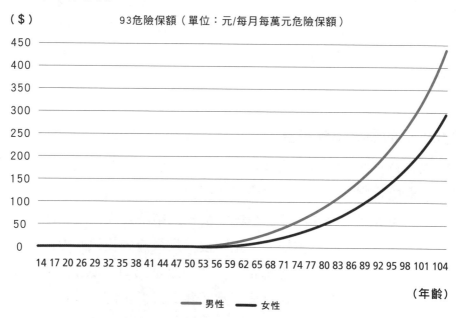

■ 圖 2-4-1 危險保額
吳家揚/製圖

危險保額

93危險保額			93危險保額			93危險保額			93危險保額		
年齡	男性	女性	年齡	男性	女性	年齡	男性	女性	年齡	男性	女性
14	0.51	0.21	41	2.52	1.19	68	23.64	12.19	95	237.67	144.21
15	0.69	0.25	42	2.75	1.32	69	25.85	13.09	96	255.7	157.19
16	0.93	0.31	43	3.02	1.47	70	28.27	14.02	97	274.57	171.01
17	1.26	0.37	44	3.31	1.64	71	30.91	15.07	98	294.26	185.68
18	1.35	0.39	45	3.61	1.82	72	33.81	16.29	99	314.75	201.2
19	1.42	0.41	46	3.92	2	73	36.97	17.75	100	336.02	217.6
20	1.44	0.42	47	4.23	2.18	74	40.42	19.45	101	358.05	234.88
21	1.44	0.42	48	4.53	2.36	75	44.19	21.41	102	380.82	253.05
22	1.42	0.43	49	4.83	2.55	76	48.31	23.61	103	403.58	271.52
23	1.39	0.43	50	5.14	2.74	77	52.79	26.05	104	426.49	290.42
24	1.35	0.44	51	5.49	2.94	78	57.68	28.73			
25	1.3	0.45	52	5.88	3.17	79	63.01	31.69			
26	1.25	0.45	53	6.33	3.43	80	68.8	34.94			
27	1.22	0.49	54	6.85	3.7	81	75.11	38.53			
28	1.2	0.53	55	7.43	3.97	82	81.95	42.48			
29	1.2	0.58	56	8.09	4.25	83	89.38	46.82			
30	1.21	0.63	57	8.83	4.51	84	97.42	51.6			
31	1.24	0.68	58	9.66	4.76	85	106.13	56.85			
32	1.29	0.71	59	10.57	5.03	86	115.54	62.61			
33	1.37	0.74	60	11.57	5.37	87	125.7	68.92			
34	1.46	0.76	61	12.66	5.83	88	136.63	75.82			
35	1.57	0.78	62	13.86	6.44	89	148.39	83.36			
36	1.69	0.8	63	15.15	7.24	90	161	91.38			
37	1.83	0.84	64	16.56	8.18	91	174.49	100.52			
38	1.97	0.89	65	18.1	9.21	92	188.9	110.23			
39	2.13	0.97	66	19.78	10.25	93	204.24	120.73			
40	2.31	1.07	67	21.63	11.26	94	220.51	132.06			

吳家揚/製表

投資型人壽保險的一般帳戶

保險相關費用和保單帳戶價值直接相關

■ 表 2-4-2 一般帳戶的保險費用表

保險費 年度	第1年	第2年	第3～5年	第6～20年	第21年以後
基本保險費 保費費用率	60%	40%	15%	3%	0
增額保險費 保費費用率	3%				
保險成本	依被保險人年齡、性別、體況、職業等級及保險金額計算				
維持費用	每個月140元(本公司保留依物價水準變更而調整的權利)				
保單帳戶 經辦費用	每一保單年度6次免費申請投資標的轉換或部分終止的權利，第7 次申請部分投資終止起，每次收費500元，自轉換中扣除				

資料來源：XX 人壽吉祥變額萬能終身壽險（VULA）A 型保單條款

吳家揚/製表

　　這種早期推出的保單的費用真是驚人，根據媒體報導有的保單甚至第 1 年基本保險費保費費用率高達 100%，每張保單的收費由保險公司自訂也沒統一。當時購買時是透過電話行銷，我也搞不清楚收費方式，只記得「話術」說會發大財。幾年後財政部（現在的金管會前身）通令修改投資型人壽保險收費方式，才讓收費方式統一且下降，延用至今。

> 這張保單的保單管理費每個月 140 元，假設保單帳戶價值都為 30 萬元不變：
>
> 甲型保險相關費用＝（（基本保額－保單帳戶價值）×每月每萬元危險保額＋140）×12

　　保險年齡 14 歲保費＝（（（3,000,000-300,000）/10,000）×0.51＋140）×12＝3,332.4

保險年齡 40 歲保費＝（（（3,000,000-300,000）/10,000）×2.31＋140）×12＝9,164.4

保險年齡 67 歲保費＝（（（3,000,000-300,000）/10,000）×21.63＋140）×12＝7,1761.2

保險年齡 104 歲保費＝（（（3,000,000-300,000）/10,000）×426.49＋140）×12＝1,383,507.6

從 14 歲到 104 歲，保單總繳保費為 19,708,548 元，真得很誇張。

　　當然保單帳戶價值，每個月都在變，代入公式後，一樣可以得到保險相關費用。我當年反推損失時，就是先查出每個月基金淨值和匯率，換算成保單帳戶價值，再一個月一個月用 EXCEL 紀錄來計算保險相關費用和損失，不難但很繁瑣。

■ 表 2-4-3 A 型保單帳戶價值的保險成本和保單維持費用表

假設 300 萬 A 型，帳戶價值 30 萬

年齡	帳戶價值	男性A30	女性A30
14	300000	3332.4	2360.4
15	300000	3915.6	2490
16	300000	4693.2	2684.4
17	300000	5762.4	2878.8
18	300000	6086.4	2943.6
19	300000	6280.8	3008.4
20	300000	6345.6	3040.8
21	300000	6345.6	3040.8
22	300000	6280.8	3073.2
23	300000	6183.6	3073.2
24	300000	6054	3105.6
25	300000	5892	3138
26	300000	5730	3170.4
27	300000	5632.8	3267.6
28	300000	5568	3397.2
29	300000	5568	3559.2
30	300000	5600.4	3721.2
31	300000	5697.6	3883.2
32	300000	5859.6	3980.4
33	300000	6118.8	4077.6
34	300000	6410.4	4142.4
35	300000	6766.8	4207.2
36	300000	7155.6	4272
37	300000	7609.2	4401.6
38	300000	8062.8	4563.6
39	300000	8581.2	4822.8
40	300000	9164.4	5146.8
41	300000	9844.8	5535.6
42	300000	10590	5956.8
43	300000	11464.8	6442.8
44	300000	12404.4	6993.6
45	300000	13376.4	7576.8
46	300000	14380.8	8160
47	300000	15385.2	8743.2
48	300000	16357.2	9326.4
49	300000	17329.2	9942
50	300000	18333.6	10557.6
51	300000	19467.6	11205.6
52	300000	20731.2	11950.8
53	300000	22189.2	12793.2
54	300000	23874	13668
55	300000	25753.2	14542.8
56	300000	27891.6	15450
57	300000	30289.2	16292.4
58	300000	32978.4	17102.4
59	300000	35926.8	17977.2
60	300000	39166.8	19078.8
61	300000	42698.4	20569.2
62	300000	46586.4	22545.6
63	300000	50766	25137.6
64	300000	55334.4	28183.2
65	300000	60324	31520.4
66	300000	65767.2	34890
67	300000	71761.2	38162.4
68	300000	78273.6	41175.6
69	300000	85434	44091.6
70	300000	93274.8	47104.8
71	300000	101828.4	50506.8
72	300000	111224.4	54459.6
73	300000	121462.8	59190
74	300000	132640.8	64730.4
75	300000	144855.6	71048.4
76	300000	158204.4	78176.4
77	300000	172719.6	86082
78	300000	188563.2	94765.2
79	300000	205832.4	104355.6
80	300000	224592	114885.6
81	300000	245036.4	126517.2
82	300000	267198	139315.2
83	300000	291271.2	153376.8
84	300000	317320.8	168864
85	300000	345541.2	185874
86	300000	376029.6	204536.4
87	300000	408948	224980.8
88	300000	444361.2	247336.8
89	300000	482463.6	271766.4
90	300000	523320	298399.2
91	300000	567027.6	327364.8
92	300000	613716	358825.2
93	300000	663417.6	392855.2
94	300000	716132.4	429554.4
95	300000	771730.8	468920.4
96	300000	830148	510975.6
97	300000	891286.8	555752.4
98	300000	955082.4	603283.2
99	300000	1021470	653568
100	300000	1090384.8	706704
101	300000	1161762	762691.2
102	300000	1235536.8	821562
103	300000	1309279.2	881404.8
104	300000	1383507.6	942640.8
SUM		19708548	11873385.6

吳家揚/製表

1 2 3 4 5

投資型人壽保險的一般帳戶

> 這張保單的保單管理費每個月 140 元，假設保單帳戶價值都為 30
> 萬元：
> 乙型保險相關費用＝（（基本保額）×每月每萬元危險保額＋
> 140）×12

同理，也可以算出 A 型/B 型保單帳戶價值的保險成本和保單維
持費用，然後作圖：

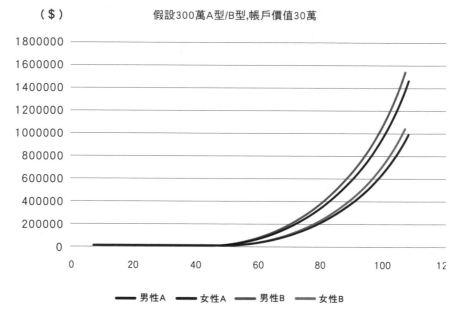

（$）假設300萬A型/B型,帳戶價值30萬

■ 圖 2-4-2 A 型/B 型的保單帳戶價值中的保險成本和保單維持費用
吳家揚/製圖

在相同條件之下，乙型（B 型）保險相關費用一定比甲型（A
型）高，男性一定與女姓高。年紀越大，保費越貴。

同理，也可以算出 A 型保單帳戶價值的保險成本和保單維持費
用，然後作圖：

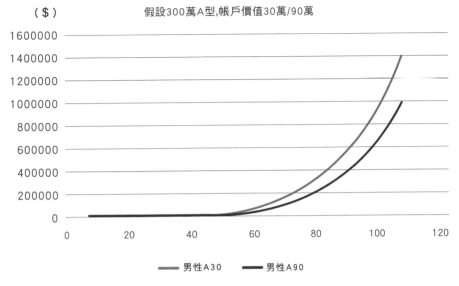

■ 圖 2-4-3 A 型保單帳戶價值 30 萬元和 90 萬元的保險成本和保單維持費用
吳家揚/製圖

在相同條件之下，甲型（A 型）的保單帳戶價值越高，保險相關費用越低。

你也可以是投資型人壽保險的專家

從這件事來說，只要你有心，願意花時間去了解保險條款、商品說明書和相關費用，還有研究投資標的，你也可以是投資型人壽保險的專家。VULA 這張保險的前置費用相當高，保單管理費也很貴，我於 2017/11/16 解約，完成階段性任務。

投資型人壽保險的一般帳戶

投資型人壽保險的給付項目

本章以富邦人壽官網上的富貴吉祥變額萬能壽險（Ｖ2）（UNA）為例，重要的保險條款，用➡表示轉成白話文來解釋或重點提示，以方便讀者理解與閱讀。

保險給付項目有 3 項：祝壽保險金的給付、身故保險金或喪葬費用保險金的給付與保單帳戶價值之返還、完全失能保險金的給付，都和保單帳戶價值有關。

投資型人壽保險有保單帳戶價值，牽涉到投資績效，而投資標的績效會依「評價時點一覽表」贖回評價時點所約定的淨值資產評價日之投資標的價值計算。

保險給付項目

第 25 條【保險範圍：祝壽保險金的給付】

本契約有效期間內，被保險人保險年齡屆滿 110 歲仍生存者，本公司以當日為基準日，依附表三「評價時點一覽表」贖回評價時點所約定的淨值資產評價日之投資標的價值計算本契約保單帳戶價值給付「祝壽保險金」後，本契約之效力即行終止。本公司給付祝壽保險金時應加計利息，一併給付予受益人，其利息計算方式應按存放於原投資標的計價幣別之專設帳簿保管機構台北富邦銀行各月第一個營業日之活期存款利率，自本公司收到投資機構交付金額之日起，逐日以日單利計算至給付日之前一日。

➡保單到 110 歲屆滿，然後拿到保單帳戶價值後，保單終止。

第 26 條【保險範圍：身故保險金或喪葬費用保險金的給付與保單帳戶價值之返還】

第 1 項 被保險人於本契約有效期間內身故者，本公司按保險金額給付身故保險金，本契約效力即行終止。

第 2 項 訂立本契約時，以未滿 15 足歲之未成年人為被保險人，除喪葬費用之給付外，其餘死亡給付之約定於被保險人滿 15 足歲之日起發生效力；被保險人滿 15 足歲前死亡者，其身故保險金變更為喪葬費用保險金。

➡以 15 足歲當分界：未滿 15 足歲死亡者，死亡給付為「喪葬費用保險金」；滿 15 足歲死亡者，死亡給付為「身故保險金」。小時候買保險很便宜，但要撐過 15 足歲，才會理賠身故保險金。

第 3 項 前項未滿 15 足歲之被保險人如有於民國 99 年 2 月 3 日（不含）前訂立之保險契約，其喪葬費用保險金之給付依下列方式辦理：1.被保險人於民國 99 年 2 月 3 日（不含）前訂立之保險契約，喪葬費用保險金額大於或等於遺產及贈與稅法第 17 條有關遺產稅喪葬費扣除額之半數（含）者，其喪葬費用保險金之給付，從其約定，109 年 6 月 12 日（含）以後所投保之喪葬費用保險金額，本公司不負給付責任。2.被保險人於民國 99 年 2 月 3 日（不含）前訂立之保險契約，喪葬費用保險金額小於遺產及贈與稅法第 17 條有關遺產稅喪葬費扣除額之半數（含）者應加計民國 109 年 6 月 12 日（含）以後所投保之喪葬費用保險金額，被保險人死亡時，受益人得領取之喪葬費用保險金總和（不限本公司），不得超過遺產及贈與稅法第 17 條有關遺產稅喪葬費扣除額之半數。超過部分，本公司不負給付責任。

➡2022 年遺產稅喪葬費扣除額為 123 萬元，一半為 61.5 萬元。

第 4 項 訂立本契約時，以受監護宣告尚未撤銷者為被保險人，

其身故保險金變更為喪葬費用保險金。

➡以「受監護宣告尚未撤銷者」為被保險人比較特殊，死亡給付就是喪葬費用保險金，目前是 61.5 萬元。

第 5 項 第 2 項及第 4 項喪葬費用保險金額，不包含其屬投資部分之保單帳戶價值。

➡投資型人壽保險的分離帳戶內的保單帳戶價值，就是自己的錢，和上述的保險公司死亡給付無關。

第 6 項 第 2 項未滿 15 足歲之被保險人於民國 109 年 6 月 12 日（含）以後及第 4 項被保險人於民國 99 年 2 月 3 日（含）以後所投保之喪葬費用保險金額總和（不限本公司），不得超過遺產及贈與稅法第 17 條有關遺產稅喪葬費扣除額之半數，其超過部分本公司不負給付責任。

➡喪葬費用保險金是指所有保險公司的總和，「未滿 15 足歲」和「受監護宣告者」適用。

第 7 項 第 3 項及第 6 項情形，被保險人如因發生約定之保險事故死亡，本公司應給付喪葬費用保險金予受益人，如有超過喪葬費用保險金額上限者，須按比例返還超過部分之已扣除保險成本。其原投資部分之保單帳戶價值，則按約定返還予要保人或其他應得之人。

➡保單帳戶價值就是自己的錢，和喪葬費用保險金無關。

第 8 項 第 3 項及第 6 項情形，如要保人向二家（含）以上保險公司投保，或向同一保險公司投保數個保險契（附）約，且其投保之喪葬費用保險金額合計超過所定之限額者，本公司於所承保之喪葬費用金額範圍內，依各要保書所載之要保時間先後，依約給付喪葬費用保險金至喪葬費用額度上限為止，如有二家以上保險公司之保險契（附）約要保時間相同或無法區分其要保時間之先後者，各該保險公

司應依其喪葬費用保險金額與扣除要保時間在先之保險公司應理賠之金額後所餘之限額比例分擔其責任。

　　➡喪葬費用保險金有上限,買太多壽險也不會賠到滿。

　　第 9 項　受益人依第 30 條約定申領身故保險金或喪葬費用保險金時,若已超過第 45 條所約定之時效,本公司得拒絕給付保險金。本公司應將保單帳戶價值,返還予應得之人,本契約項下之保單帳戶即為結清。

　　第 10 項　依本條約定應給付保單帳戶價值者,均以受益人檢齊申請身故保險金或喪葬費用保險金之所須文件送達本公司之日為基準日,依附表三「評價時點一覽表」贖回評價時點所約定的淨值資產評價日之投資標的價值計算。

　　➡總之,第 26 條和傳統人壽保險的條款內容差異甚大。

第 27 條【保險範圍:完全失能保險金的給付】

　　被保險人於本契約有效期間內致成附表四「完全失能程度表」所列之完全失能等級之一,並經完全失能診斷確定者,本公司按保險金額給付完全失能保險金,本契約效力即行終止。被保險人同時有兩項以上完全失能時,本公司僅給付一項完全失能保險金。受益人依第 32 條約定申領完全失能保險金時,若已超過第 45 條所約定之時效,本公司得拒絕給付保險金。本公司應將保單帳戶價值,返還予應得之人,本契約項下之保單帳戶即為結清。依本條約定應給付保單帳戶價值者,均以受益人檢齊申請完全失能保險金之所須文件送達本公司之日為基準日,依附表三「評價時點一覽表」贖回評價時點所約定的淨值資產評價日之投資標的價值計算。

　　➡附表四「完全失能程度表」就是表 2-5-1,附表三「評價時點一覽表」就是表 2-5-2。

項別	失　能　程　度
一	雙目均失明者。(註1)
二	兩上肢腕關節缺失者或兩下肢足踝關節缺失者。
三	一上肢腕關節及一下肢足踝關節缺失者。
四	一目失明及一上肢腕關節缺失者或一目失明及一下肢足踝關節缺失者。
五	永久喪失咀嚼(註2)或言語（註3）之機能者。
六	四肢機能永久完全喪失者。(註4)
七	中樞神經系統機能遺存極度障害或胸、腹部臟器機能遺存極度障害，終身不能從事任何工作，經常需醫療護理或專人周密照護者。(註5)

註：
1. 失明的認定
  (1)視力的測定，依據萬國式視力表，兩眼個別依矯正視力測定之。
  (2)失明係指視力永久在萬國式視力表零點零二以下而言。
  (3)以自傷害之日起經過六個月的治療為判定原則，但眼球摘出等明顯無法復原之情況，不在此限。
2. 喪失咀嚼之機能係指因器質障害或機能障害，以致不能作咀嚼運動，除流質食物外，不能攝取者。
3. 喪失言語之機能係指後列構成語言之口唇音、齒舌音、口蓋音、喉頭音等之四種語音機能中，有三種以上不能構音者。
4. 所謂機能永久完全喪失係指經六個月以後其機能仍完全喪失者。
5. 因重度神經障害，為維持生命必要之日常生活活動，全須他人扶助者。
上述「為維持生命必要之日常生活活動」係指食物攝取、大小便始末、穿脫衣服、起居、步行、入浴等。

資料來源：富邦人壽富貴吉祥變額萬能壽險（V2）保單條款

第 28 條【保險給付的限制】

本公司依第 25 條至第 27 條約定給付其中一項保險金者，不再負各項保險金給付之責。

評價時點一覽表

本章節有一個重要議題，就是「評價時點一覽表」（表 2-5-2）。舉例：

■ 表 2-5-2 評價時點一覽表（舉基金部分為例）

【附表三】評價時點一覽表
1.基金部分

項目	投資標的	贖回/轉出		買入/轉入	
		淨值	匯率	匯率	淨值
買入評價時點	新臺幣計價	－	－	－	基準日次一資產評價日
	外幣計價	－	－	基準日（保管銀行收盤賣出匯率）	基準日次一資產評價日
贖回評價時點	新臺幣計價	基準日次二資產評價日	－	－	－
	外幣計價	基準日次一資產評價日	基準日次二資產評價日（保管銀行收盤買入匯率）	－	－
轉換評價時點	新臺幣計價轉換新臺幣計價	基準日次二資產評價日	－	－	基準日次四資產評價日
	新臺幣計價轉換外幣計價	基準日次二資產評價日	－	基準日次三資產評價日（保管銀行收盤賣出匯率）	基準日次四資產評價日
	外幣計價轉換新臺幣計價	基準日次一資產評價日	基準日次二資產評價日（保管銀行收盤買入匯率）	－	基準日次三資產評價日
	外幣計價轉換外幣計價（相同外幣）	基準日次一資產評價日	－	－	基準日次三資產評價日
	外幣計價轉換外幣計價（不同外幣）	基準日次一資產評價日	基準日次二資產評價日（保管銀行收盤買入匯率）	基準日次二資產評價日（保管銀行收盤賣出匯率）	基準日次三資產評價日

資料來源：富邦人壽富貴吉祥變額萬能壽險（V2）保單條款

接下來有密密麻麻的文字說明，要搞得這麼複雜的原因，就是為了避免訴訟風險。而在第 2 條【名詞定義】中，也寫得清清楚楚。

➡避免要保人自己搞不清楚狀況或被不肖的業務員拖著走，而造成投資損失，然後又要找保險公司的麻煩。簡單來說，就是保險公司要自保。而對我們而言，了解每句話背後的意義，對自己最有保障。

投資型人壽保險的死亡給付對保單帳戶價值之最低比率規範

　　國人壽險保障嚴重不足，為了維持人壽保險商品之基本保險保障比重，特訂定「人壽保險商品死亡給付對保單價值準備金（保單帳戶價值）之最低比率規範（2020/06/30 修正）」，於 2020/07/01 施行。若是早期購買的保單條款上沒有這條「最低比率規範」，則不受最低比率規範，既往不究。每次修訂版本的數字不同，你的保單適用哪個版本，條款就有，依購買時的保單條款約定。

　　以富邦人壽官網上的 UNAA 富邦人壽富貴吉祥變額萬能壽險（V2）（甲型）DM 和條款為例：

第 2 條【名詞定義】

　　以下列幾個重要的定義，來特別說明。

　　1.「基本保額」：係指本契約所載明之投保金額。要保人在本契約有效期間內，得申請增加或減少基本保額，且須符合第 11 條第 2 項約定。惟增加基本保額，需經本公司同意；減少後之基本保額，不得低於本保險最低承保金額。如該基本保額有所變更時，以變更後之基本保額為準。

　　➡投保時，要保書上已經確定基本保額。提高基本保額可能需要體檢，高齡或有體況者，體檢不過，就只能維持原來的保額。若要降低基本保額，則要符合最低死亡比率，也要注意每張保單的最低投保金額。

2.「淨危險保額」：係指依要保人在訂立本契約時選擇之保險型態，按下列方式所計算之金額：

（一）甲型：基本保額扣除保單帳戶價值之餘額，但不得為負值。

（二）乙型：基本保額。

➡舉例：王小明（在最低比率規範上線之前購買的保險，不受最低規範限制），基本保額為 100 萬元，帳戶價值為 90 萬元。甲型的淨危險保額為 10 萬元，乙型的淨危險保額為 100 萬元。

3.「保險金額」：係指本公司於被保險人身故或完全失能所給付之金額。該金額以淨危險保額與保單帳戶價值兩者之總和給付，其中，淨危險保額及保單帳戶價值係以受益人檢齊申請身故、完全失能保險金之所須文件並送達本公司之日為基準日，依附表三「評價時點一覽表」（表 2-5-2）贖回評價時點所約定淨值資產評價日之投資標的單位淨值計算。

➡舉例承上：王小明，基本保額為 100 萬元，帳戶價值為 90 萬元。保險金額甲型為 100 萬元（＝10 萬元＋90 萬元），保險金額乙型為 190 萬元（＝100 萬元＋90 萬元）。

死亡保障（保險金額）：

➡甲型，以基本保額與保單帳戶價值兩者中，取其較大者，作為身故保險金。

➡乙型，以基本保額與保單帳戶價值兩者之和，作為身故保險金。

第 11 條【保險費交付及基本保額變更的限制】

➡將第 11 條又臭又長的保險條款，轉換成 DM 清爽的表示法：

■保險費限制

· 保險費交付限制：

本契約下列金額除以「保單帳戶價值加計當次預定投資保費金額」之比例，應在一定數值以上(最低比率)，始得繳交保險費：

(一)投保甲型者：該金額係指基本保額與「保單帳戶價值加計當次預定投資保費金額」兩者之較大值。但訂立本契約時，以未滿15足歲之未成年人或受監護宣告尚未撤銷者為被保險人，則為基本保額扣除「保單帳戶價值加計當次預定投資保費金額」之值，且不得為負值。

(二)投保乙型者：該金額係指基本保額與「保單帳戶價值加計當次預定投資保費金額」兩者之和。但訂立本契約時，以未滿15足歲之未成年人或受監護宣告尚未撤銷者為被保險人，則為基本保額。

(三)一定數值以上(最低比率)之標準：

死亡給付對保單帳戶價值之最低比率	
被保險人到達年齡	最低比率
保險年齡30歲(含)以下	190%
保險年齡31歲(含)~保險年齡40歲	160%
保險年齡41歲(含)~保險年齡50歲	140%
保險年齡51歲(含)~保險年齡60歲	120%
保險年齡61歲(含)~保險年齡70歲	110%
保險年齡71歲(含)~保險年齡90歲	102%
保險年齡91歲(含)以上	100%

· 第一項數值之判斷時點，以本公司收到要保人繳交保險費之申請時或本公司依約定方式收取保險費前產生繳費通知或送金單時之最新投資標的單位淨值及匯率為準。

資料來源：富邦人壽富貴吉祥變額萬能壽險（V2）DM

檢測時間點：

> 所謂「比率」是指死亡給付除以保單帳戶價值所得出的比值，其計算公式為：比率＝死亡給付金額÷保單帳戶價值金額×100%。

「到達年齡」是指每年重新計算被保險人之保險年齡，非原始投保年齡。若被保險人投保時為 25 歲，則在其 30 歲以前均適用 190% 之比率；在 31 歲以後隨年齡增加，31 歲至 40 歲適用 160% 之比

率；以此類推。

比率之檢測時點是以要保人投保、每次繳交保險費及申請基本保額變更時重新計算該保單應符合之最低比率，若保單無繳交續期或彈性保險費之情形時，則尚無重新計算比率之需要。

說明如下：

甲型死亡保障（以投保金額與保單帳戶價值兩者中，取其較大者作為身故保險金）：

1. 若被保險人王先生 30 歲時投保，其初始保單帳戶價值為 100 萬元，則其死亡給付至少應有 190 萬元，王先生投保的是甲型死亡保障，則投保金額應達 190 萬元以上（190 死亡給付/100 保單帳戶價值＝190%），始能符合最低比率要求。

2. 假設王先生到 50 歲時，其保單帳戶價值已上升至 290 萬元，又擬再繳交保險費使其保單帳戶價值達 300 萬元，此時因該筆保險費繳入後（300 死亡給付/300 保單帳戶價值＝100%）將使保單不符合 50 歲所對應的最低比率 140%，王先生得考慮先申請提高投保金額，投保金額應先提高至 420 萬元以上（420/300＝140%），使保單的比率超過 140%，保險公司才會受理王先生繳交該筆保險費。

乙型死亡保障（以投保金額與保單帳戶價值兩者之和，作為身故保險金）：

1. 若被保險人王先生 30 歲時投保，其初始保單帳戶價值為 100 萬元，則其死亡給付至少應有 190 萬元，則投保金額應達 90 萬元以上（190 死亡給付/100 保單帳戶價值＝190%），始能符合最低比率要求。

2. 假設王先生到 50 歲時，其保單帳戶價值已上升至 290 萬元，又擬再繳交保險費使其保單帳戶價值達 300 萬元，此時因該筆保險

費繳入後（390 死亡給付/300 保單帳戶價值＝130%）將使保單不符合 50 歲所對應的最低比率 140%，王先生得考慮先申請提高投保金額，投保金額應先提高至 120 萬元以上，使保單的比率超過 140%（420/300＝140%），保險公司才會受理王先生繳交該筆保險費。

資料來源

➡投資型保險買了之後，如果未來保額有改變需求且遇到「檢視時間點」時，就要符合最低比率的規範。這個不難，如果你不會算，就問保險業務員，他們「應該」有能力事先告訴你。如果他們沒有能力告訴你，若送件後不符合最低規範者，你會收到照會通知單，到時再來修改即可，我們只是浪費時間來證明業務員的不專業，最後頂多就是維持現狀不變更而已。

補充說明

人壽保險商品死亡給付對保單價值準備金（保單帳戶價值）之最低比率規範（2020/06/30 修正，是目前最新版本），有興趣的讀者，可以參考。

資料來源

第 3 章

———

投資型
年金保險的運作原理

教你看懂投資型年金保險的保單條款

　　本章以富邦人壽官網上的「富邦人壽人民幣計價優越變額年金保險（VBDC）」為例，列舉一些重要條款來說明。從之前的章節中，如果你已經學會了投資型人壽保險條款和保險商品說明書，投資型年金保險只要注意幾個重點，就可以駕輕就熟。投資的重點一模一樣，主要是基金標的和保險費幣別有差，還有評價時間點也不同。保單條款和保險商品說明書也是大同小異，看清楚就可以。

保單條款

第 2 條【名詞定義】

　　本契約所用名詞定義如下：

　　1.「保證期間」：係指依本契約約定，於年金給付開始日後，不論被保險人生存與否，本公司保證給付年金之期間；保證期間共分為5 年、10 年、15 年及 20 年四種，並載於本契約保單首頁。

　　2.「年金金額」：係指依本契約約定之條件及期間，本公司給付之金額；分期給付年金金額的方式共分為年給付、半年給付、季給付及月給付四種，並載於本契約保單首頁。

　　3.「年金給付開始日」：係指本契約保單首頁所載明，依本契約約定本公司開始負有給付年金義務之日期，如有變更，以變更後之日期為準。

　　4.「未支領之年金餘額」：係指被保險人於本契約年金保證期間內尚未領取之年金金額。另被保險人於保證期間屆滿後身故者，於該保單年度內尚未屆期之分期年金，亦屬之。

6.「保單帳戶價值」：係指以本契約約定之外幣為單位基準，在年金累積期間內，本契約保單帳戶的價值總額，其計算方式如下：（1）.「首次投資配置日」前：係指每日依「首次投資配置金額」約定之計算方式，計算至前一日之金額。（2）.「首次投資配置日」起：係指本契約保單帳戶中所有「投資標的價值」的總額加上尚未投入投資標的之金額。

21.「年金累積期間」：係指簽訂本契約時約定自本契約之生效日起算至年金給付開始日前一日之期間，並載於本契約保單首頁。

24.「年金生命表」：係指本公司於年金給付開始日用以計算年金金額之生命表。

25.「年金宣告利率」：係指本公司於本契約年金給付開始日及各年金給付週年日當月宣告並用以計算該年度年金保單價值準備金之利率（公布於本公司網頁）；本利率根據本保險可運用資金之投資組合收益，扣除相關費用，並參考當時市場利率水準訂定之，且不得為負數。

26.「預定利率」：係指本公司於年金給付開始日用以計算年金金額之利率，最高不得超過年金給付開始日當月之宣告利率，且不得為負數。

➡只列舉幾個投資型年金保險的獨特特性，如果和投資型人壽保險重覆的定義就不再提醒。透過下一章節的舉例，就會更清楚它的意義。

第 19 條【年金的選擇】

被保險人應於投保時，選擇按年金累積期間屆滿日之保單帳戶價值（如有保險單借款應先扣除保險單借款本息）領取一次年金，或選擇由本公司依約定逐期給付分期年金。本公司應於年金累積期間屆滿日的 60 日前，主動以書面通知要保人確認其行使之第 1 項選擇權方

式。要保人未於年金給付開始日的 15 日前，確認其已行使之第 1 項選擇權方式者，本公司概依投保當時要保人之選擇方式，開始給付年金。

➡可選擇一次年金或分期年金，決定的日期要注意。

第 20 條【年金給付的開始及給付期間】

要保人投保時可選擇第 6 保單週年日屆滿後之一特定日做為年金給付開始日，但不得超過被保險人保險年齡達 81 歲之保單週年日；要保人不做年金給付開始日的選擇時，本公司以被保險人保險年齡達 70 歲之保單週年日做為年金給付開始日。要保人亦得於年金給付開始日的 60 日前以書面或其他約定方式通知本公司變更年金給付開始日；變更後的年金給付開始日須在申請日 30 日之後，且須符合前項給付日之約定。本公司應於年金給付開始日的 60 日前通知要保人試算之年金給付內容。但實際年金給付金額係根據第 21 條約定辦理。前項試算之年金給付內容應包含：1.年金給付開始日。2.預定利率。3.年金生命表。4.保證期間。5.給付方式。6.每期年金金額。

➡如果你自己不選擇，保險公司會強制幫你決定。

年金給付開始日後，本公司於被保險人生存期間，依約定分期給付年金金額，最高給付年齡以被保險人保險年齡屆滿 110 歲為止。但於保證期間內不在此限。

➡分期給付年金金額只給付生存期間，但保證期間內不在此限。

一次年金的給付約定如下：1.被保險人於年金給付開始日當日零時生存者，本公司依第 21 條第 1 項計算之金額給付一次年金金額予被保險人後，本契約即行終止。2.被保險人於年金給付開始日當日零時生存，但於本公司給付一次年金前身故者，本公司依第 28 條第 3 項約定處理。分期年金的給付約定如下：1.被保險人於年金給付開始

日及其後每一年金給付日當日零時生存者，本公司應給付分期年金金額予被保險人，直至被保險人保險年齡屆滿 110 歲為止。2.被保險人於年金給付開始日或之後身故者，本契約即行終止。3.被保險人於保證期間內身故者，本公司依第 28 條第 4 項約定處理。

➡下一章節的舉例，會更清楚它的意義。

第 21 條【年金金額之計算】

一次年金之年金金額，係指以年金累積期間屆滿日為基準日，依附表三「評價時點一覽表」贖回評價時點所約定淨值資產評價日之投資標的單位淨值，計算而得之年金累積期間屆滿日保單帳戶價值（如有保險單借款應先扣除保險單借款本息），於年金給付開始日起 15 日內一次給付受益人，本契約效力即行終止。如因可歸責於本公司之事由致未於前開期限內為給付者，本公司應加計利息給付，其利息按年利率 10%計算。分期年金給付期間第 1 年度之每期可領取的年金金額，係指在年金給付開始日時，本公司依前項約定所計算之年金累積期間屆滿日之保單帳戶價值，依據當時預定利率及年金生命表計算每期給付年金金額。給付期間第 2 年度開始，每年每期可領取之年金金額係以前一年度每期可領取之年金金額乘以當年度「調整係數」而得。第 3 項所稱「調整係數」等於（1＋前一年金給付週年日當月年金宣告利率）除以（1＋預定利率）；本公司於每年年金給付週年日，以約定方式通知當年度之調整係數。第 2 項及第 4 項之預定利率於年金給付開始日起維持不變。若分期年金每期所得領取之年金金額低於 1,000 人民幣時，改依第 1 項約定辦理。

➡附表三「評價時點一覽表」，就是表 3-1-1（舉貨幣帳戶為例）。

■ 表 3-1-1 評價時點一覽表

2.貨幣帳戶

項目	投資標的	贖回/轉出		買入/轉入	
		淨值	匯率	匯率	淨值
買入評價時點	外幣貨幣帳戶（同保單計價幣別）	－	－	－	基準日次一資產評價日
	外幣貨幣帳戶（非保單計價幣別）	－	－	基準日（保管銀行收盤賣出匯率）	基準日次一資產評價日
贖回評價時點	外幣貨幣帳戶（同保單計價幣別）	基準日次一資產評價日	－	－	－
	外幣貨幣帳戶（非保單計價幣別）	基準日次一資產評價日	基準日次一資產評價日（保管銀行收盤買入匯率）	－	－
轉換評價時點	外幣貨幣帳戶轉換外幣計價（相同外幣）	基準日次一資產評價日	－	－	基準日次二資產評價日
	外幣貨幣帳戶轉換外幣計價（不同外幣）	基準日次一資產評價日	基準日次一資產評價日（保管銀行收盤買入匯率）	基準日次一資產評價日（保管銀行收盤賣出匯率）	基準日次二資產評價日

資料來源：富邦人壽人民幣計價優越變額年金保險 DM

➡重頭戲，要有能力自己算出金額。下一章節的舉例，會更清楚它的意義。

第 28 條【被保險人身故的通知與返還保單帳戶價值】

被保險人身故後，要保人或受益人應於知悉被保險人發生身故後通知本公司。被保險人之身故若發生於年金給付開始日前者，本公司以收齊第 30 條約定申請文件之日為基準日，依附表三「評價時點一覽表」贖回評價時點所約定淨值資產評價日之投資標的單位淨值計算保單帳戶價值並返還予要保人，本契約效力即行終止。被保險人於年

金給付開始日或之後身故，而本公司尚未給付一次年金者，其年金金額作為被保險人之遺產。被保險人之身故若發生於年金給付開始日或之後者，如仍有第 2 條第 4 款所約定未支領之年金餘額，本公司應將其未支領之年金餘額依約定給付予身故受益人。

第 30 條【返還保單帳戶價值的申請】

要保人依第 28 條或第 29 條之約定申領「保單帳戶價值」時，應檢具下列文件：1.保險單或其謄本。2.被保險人死亡證明文件及除戶戶籍謄本。3.申請書。4.要保人或其他應得之人的身分證明。本公司應於收齊前項文件後 15 日內給付之。但因可歸責於本公司之事由致未在前開期限內為給付者，應給付遲延利息年利 10%。

➡如果保險公司要調查而超時，要付出利息年利 10%的代價。

第 31 條【年金的申領】

被保險人於年金給付開始日後生存期間每年第一次申領年金給付時，應提出可資證明被保險人生存之文件。但於保證期間內不在此限。保證期間年金受益人得申請提前給付，其計算之貼現利率為計算年金金額所採用之預定利率。被保險人身故後若仍有未支領之年金餘額，受益人申領時應檢具下列文件：1.保險單或其謄本。2.被保險人死亡證明文件及除戶戶籍謄本。3.受益人的身分證明。除第 1 期年金金額可於年金給付開始日起 15 日內給付外，其他期年金金額應於各期之應給付日給付。如因可歸責於本公司之事由，致第 1 期年金金額逾年金給付開始日起 15 日內未給付，或其他期年金金額逾應給付日未給付時，應給付遲延利息年利 10%。

➡折現可參考 CH3-2 的「年金現值因子推導」。

第 32 條【未還款項的扣除】

年金給付開始日前,本公司返還保單帳戶價值及償付解約金、部分提領金額時,如要保人仍有保險單借款本息或寬限期間欠繳之保單管理費等未償款項者,本公司得先抵銷上述欠款及扣除其應付利息後給付其餘額。年金給付開始日時,依第 21 條約定計算年金金額。

➡如有欠保險公司錢,要先還錢。累積期的保單帳戶價值重新計算後,再進入給付期。

第 35 條【受益人的指定及變更】

本契約受益人於被保險人生存期間為被保險人本人,本公司不受理其指定或變更。

➡被保險人生存期間,和健康保險,還有傷害保險一樣,年金保險的受益人為被保險人本人。

除前項約定外,要保人得依下列約定指定或變更受益人:1.於訂立本契約時,得經被保險人同意指定身故受益人,如未指定者,以被保險人之法定繼承人為本契約身故受益人。2.除聲明放棄處分權者外,於保險事故發生前得經被保險人同意變更身故受益人,如要保人未將前述變更通知本公司者,不得對抗本公司。前項身故受益人的變更,於要保人檢具申請書及被保險人的同意書(要、被保險人為同一人時為申請書或電子申請文件)送達本公司時,本公司即予批註或發給批註書。第 2 項之身故受益人同時或先於被保險人本人身故,除要保人已另行指定外,以被保險人之法定繼承人為本契約身故受益人。本契約如未指定身故受益人,而以被保險人之法定繼承人為本契約身故受益人者,其受益順序適用民法第 1138 條規定,其受益比例除契約另有約定外,適用民法第 1144 條規定。

➡民法第 1138 條:遺產繼承人,除配偶外,依左列順序定之:

1.直系血親卑親屬。2.父母。3.兄弟姊妹。4.祖父母。

➡民法第 1144 條：配偶有相互繼承遺產之權，其應繼分，依左列各款定之：1.與第 1138 條所定第一順序之繼承人同為繼承時，其應繼分與他繼承人平均。2.與第 1138 條所定第二順序或第三順序之繼承人同為繼承時，其應繼分為遺產二分之一。3.與第 1138 條所定第四順序之繼承人同為繼承時，其應繼分為遺產三分之二。4.無第 1138 條所定第一順序至第四順序之繼承人時，其應繼分為遺產全部。

第 36 條【投資風險與法律救濟】

要保人及受益人對於投資標的價值須直接承擔投資標的之法律、匯率、市場變動風險及投資標的發行或經理機構之信用風險所致之損益。本公司應盡善良管理人之義務，慎選投資標的，加強締約能力詳加審視雙方契約，並應注意相關機構之信用評等。本公司對於因可歸責於投資標的發行或經理機構或其代理人、代表人、受僱人之事由減損本投資標的之價值致生損害要保人、受益人者，或其他與投資標的發行或經理機構所約定之賠償或給付事由發生時，本公司應盡善良管理人之義務，並基於要保人、受益人之利益，應即刻且持續向投資標的發行或經理機構進行追償。相關追償費用由本公司負擔。前項追償之進度及結果應以適當方式告知要保人。

第 38 條【時效】由本契約所生的權利，自得為請求之日起，經過 2 年不行使而消滅。

➡商業保險的請求權時效只有 2 年，很重要。

■ 表 3-1-2　相關費用

■ 保費費用：

保費金額	2,100,000(不含)人民幣以內	2,100,000人民幣~未滿4,200,000人民幣	4,200,000(含)人民幣以上
保費費用	保險費的3%	保險費的2.5%	保險費的2%

■ 保單管理費：
係為維持本契約管理所產生、並由富邦人壽自保單帳戶中扣除之費用，此費用為每月人民幣20元。

■ 轉換投資標的之作業費：
要保人申請轉換投資標的時，就每一次之轉換，富邦人壽得分別收取人民幣100元作業費。但同一保單年度內申請轉換投資標的之累計未超過6次者，就所為之轉換，富邦人壽不收取前述之作業費。

■ 部分提領之作業費：
要保人申請部分提領時，就每一次申請，富邦人壽得分別收取人民幣200元作業費。但同一保單年度內申請部分提領累計未超過4次者，富邦人壽不收取前述之作業費。

■ 富邦人壽/投資機構收取之相關費用收取表(最新明細資料，請參閱富邦人壽網站www.fubon.com/life/)

投資標的	申購手續費	經理費*	保管費	贖回費用	帳戶管理費
開放型基金	富邦人壽未另外收取	已由基金淨值中扣除	已由基金淨值中扣除	富邦人壽未另外收取，但若投資標的另有規定，且已反映於贖回時之單位淨值者，不在此限	富邦人壽未另外收取
指數股票型基金(ETF)	每次收取1%	已由基金淨值中扣除	已由基金淨值中扣除	未收取	國外指數股票型基金每月收取0.1%
貨幣帳戶	由富邦人壽支付	已反映於宣告利率	已反映於宣告利率	由富邦人壽支付	—

*受委託管理之投信業者如有將類全委帳戶資產投資於該投信業者經理之基金時，則該部分帳戶資產之經理費不得計入年度委託報酬。

· 投資相關費用-其他費用：無
■ 解約及部分提領費用：富邦人壽未另外收取
■ 其他費用(詳列費用項目)：無
■ 保險費收取方式、匯款相關費用及其承擔對象
保險費收取方式限以人民幣存入、匯入富邦人壽指定之外匯存款戶，或授權以富邦人壽指定之金融機構自動轉帳繳交保險費。

項　　　目		匯款銀行手續費	國外中間行手續費	受款銀行手續費
保戶繳費(註1)	要保人交付保險費或返還保險單借款本息予富邦人壽時，應將保險費全額或返還之金額匯達富邦人壽	要保人負擔	要保人負擔	富邦人壽負擔
富邦人壽給付(註2)	富邦人壽給付受益人年金時(註3)	富邦人壽負擔	富邦人壽負擔	受款人負擔
	富邦人壽返還保單帳戶價值、給付部份提領之提取金額或保險單借款等相關款項時	富邦人壽負擔	受款人負擔	受款人負擔

(註1):但如要保人選擇由富邦人壽所指定免收匯款相關費用之銀行外匯存款戶，並以同一銀行之境內銀行外匯存款帳戶自動轉帳方式繳納時，其所有匯款相關費用均由富邦人壽負擔。
(註2):如受款銀行為富邦人壽所指定免收匯款相關費用之銀行且為境內銀行時，其所有匯款相關費用均由富邦人壽負擔。
(註3):適用於約定使用境內銀行帳戶者。境外銀行帳戶者，富邦人壽僅負擔匯款銀行所收取之費用。

資料來源：富邦人壽人民幣計價優越變額年金保險 DM

■ 表 3-1-3 投保規則

◀ 投保規則 （詳細內容請參閱最新版投保規則）

■ 保險年期：終身　　　　　　　■ 投保年齡：0歲～75歲
■ 繳別/繳費方式：

繳別		分期繳 （年繳、半年繳、季繳、月繳）	彈性繳
繳費方式	首期	收費(外幣匯款) 金融機構轉帳	收費(外幣匯款) 金融機構轉帳
	續期	金融機構轉帳 自行繳費(外幣匯款)	

■ 年金給付開始日：
　1.第6保單週年日屆滿後任一特定日且不得超過被保險人保險年齡達81歲之保單週年日。
　2.被保險人投保年齡65歲(含)以上者，投保時須於要保書指定年金給付開始日。
■ 保證期間：5年、10年、15年、20年
■ 年金給付方式：
　1.一次年金(不需選擇保證期間)
　2.分期年金：年給付、半年給付、季給付、月給付
■ 附加附約：不得附加附約
■ 要保人身份限制：
　『美國國籍／稅籍』或『加拿大國籍／稅籍』之外國人因該國稅法規定，不得為要保人。
■ 其他規定：
　其他相關規則仍依現行投保規則辦理。

資料來源：富邦人壽人民幣計價優越變額年金保險 DM

■ 表 3-1-4 保費限制

分期繳	1.保險費(每期)≧人民幣500元 2.首期保險費≧保險費(每期)；若為月繳件，則首期保險費須≧「保險費(每期)」×2
彈性繳	首期保險費≧人民幣500元
每次繳交之 保費上限	500萬元人民幣

保　費　匯　款　帳　戶	
台 北 富 邦 銀 行	戶名：Fubon Life Insurance Co., Ltd. 銀行：Taipei Fubon Commercial Bank 帳號：依公司提供之專屬匯款帳號 Swift Code：TPBKTWTP
	存匯行(中間行) 幣別：CNY 銀行名稱：BANK OF CHINA LIMITED TAIPEI BRANCH Swift Code：BKCHTWTP888

・上表所列以業務通路作揭示，並請參詳專屬匯款帳號使用細則；其他通路請依公司規定為主。

資料來源：富邦人壽人民幣計價優越變額年金保險 DM

投資型年金保險範例說明

年金保險可分為：傳統型（預定利率）、利率變動型（預定利率和宣告利率）和投資型（變額年金保險）。

年金保險可分兩大期間：累積期和給付期。累積期就是藉著投入本金，透過投資或利息收入累積本利和，創造「保單帳戶價值」。確定進入給付期後，契約條件就不能變更，「保單帳戶價值」可以用一次年金或分期年金領取。

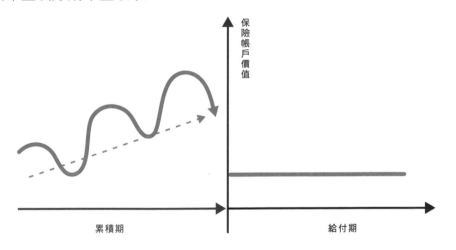

保險帳戶價值

累積期　　　　　　　　　　給付期

■ 圖 3-2-1　年金保險累積期和給付期示意圖
吳家揚/製圖

傳統型年金保險固定投入保險費，再加上利息（固定的預定利率），累積期的保單帳戶價值會越來越高，金額固定，容易計算出來。利率變動型，累積期的保單帳戶價值也會越來越高（因為預定利率），但金額不固定（再加上宣告利率但會隨時調整），不容易精算

出來。投資型年金保險，在年金累積期間連結投資標的，依照投資標的投資累報酬率來決定保單帳戶價值，不一定保本。

當累積期滿後，就進入給付期，給付可能為一次或分期。若要分期領，將保單帳戶價值，除以「年金現值因子」就可以得到第一年的年金金額。年金現值因子係依預定利率、年金生命表、選擇的年金給付方式計算而得。然後第二年度/第三年度等等的年金金額，就依據公式用「調整係數」去調整。

一次領，就是領光帳戶餘額，保單終止，比較適合自認為是短命者。若是領年金，就是帳戶餘額換算到「平均餘命」，每年固定領錢到身故，比較適合長壽者。如果壽命大於平均餘命，活越久領越多，領的總金額就會大於平均值，也會大於一次領回的金額（賺錢）。但如果不幸屬於短命者，通常會有個保證領回年限（依契約而定），而領的總金額就會小於平均值，也會小於一次領回的金額（賠錢）。因為，年金是保障生存者，活著才能領錢。

年金保險和人壽保險本質不同，通常壽險是死亡或完全失能才能領錢（當然也可以生存時部分解約或解約，提領保單價值準備金或解約金）。保險公司不會告訴你年金保險的秘密，都只會告訴你「活越久，領越久」，但不會告訴你「活不夠久，還會賠錢」。保險業務員不會算這些給你看，絕大多數也都不會算，你要自己有能力算出保險的「年金現值因子」和「平均餘命」之後，有把握會賺錢才去投保。

年金保險的架構和費用

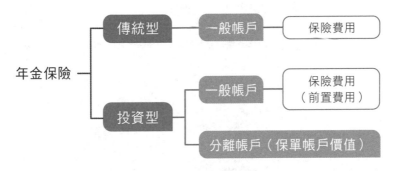

■ 圖 3-2-2　年金保險的架構和費用
吳家揚/製圖

投資型年金保險的運作原理

　　一般帳戶的費用，可參考圖 2-3-2（傳統型人壽保險之費用）。年金保險的架構和費用，相較於投資型人壽保險的複雜程度，可參考圖 2-3-3（投資型人壽保險所有收費），單純很多。

舉實例試算

　　相較於投資型人壽保險的收費複雜度，投資型年金保險收費方式就很單純。舉例的資料來源為富邦人壽官網 DM 和條款，富先生 35 歲，投保「富邦人壽人民幣計價優越變額年金保險」，每年繳交保費人民幣 30,000 元，持續繳費至年滿 44 歲。在扣除保費費用及保單管理費後，剩餘之金額進入分離帳戶進行投資。假設現在投資報酬率為＋5%，＋2%，0%或-5%，其年度末保單帳戶價值及年度末解約金如表 3-2-1（假設未辦理保險單借款與保單帳戶價值的部分提領，並假設投資標的之收益分配為人民幣 0 元的情況下試算）：

■ 表 3-2-1 投資型年金保險保費費用及保單管理費

保單年度	保險年齡	保費費用及保單管理費	每年投資年報酬率+5%		每年投資年報酬率+2%		每年投資年報酬率0%		每年投資年報酬率-5%	
			保單帳戶價值	解約金	保單帳戶價值	解約金	保單帳戶價值	解約金	保單帳戶價值	解約金
1	35	1,140.00	30,308.55	30,308.55	29,439.41	29,439.41	28,860.00	28,860.00	27,411.55	27,411.55
2	36	1,140.00	62,132.52	62,132.52	59,467.60	59,467.60	57,720.00	57,720.00	53,452.52	53,452.52
3	37	1,140.00	95,547.70	95,547.70	90,096.36	90,096.36	86,580.00	86,580.00	78,191.45	78,191.45
4	38	1,140.00	130,633.63	130,633.63	121,337.70	121,337.70	115,440.00	115,440.00	101,693.43	101,693.43
5	39	1,140.00	167,473.86	167,473.86	153,203.86	153,203.86	144,300.00	144,300.00	124,020.31	124,020.31
6	40	1,140.00	206,156.10	206,156.10	185,707.35	185,707.35	173,160.00	173,160.00	145,230.84	145,230.84
7	41	1,140.00	246,772.46	246,772.46	218,860.90	218,860.90	202,020.00	202,020.00	165,380.85	165,380.85
8	42	1,140.00	289,419.63	289,419.63	252,677.53	252,677.53	230,880.00	230,880.00	184,523.36	184,523.36
9	43	1,140.00	334,199.16	334,199.16	287,170.48	287,170.48	259,740.00	259,740.00	202,708.74	202,708.74
10	44	1,140.00	381,217.67	381,217.67	322,353.30	322,353.30	288,600.00	288,600.00	219,984.86	219,984.86

資料來源：富邦人壽人民幣計價優越變額年金保險 DM

➡保費費用及保單管理費算法：

$$30,000 \times 3\% + 20 \times 12 = 1,140（每年）$$

■ 表 3-2-2 投資型年金保險保單帳戶價值

保單年度	保險年齡	保費費用及保單管理費	每年投資年報酬率+5%		每年投資年報酬率+2%		每年投資年報酬率0%		每年投資年報酬率-5%	
			保單帳戶價值	解約金	保單帳戶價值	解約金	保單帳戶價值	解約金	保單帳戶價值	解約金
1	35	1,140.00	30,308.55	30,308.55	29,439.41	29,439.41	28,860.00	28,860.00	27,411.55	27,411.55
2	36	1,140.00	62,132.52	62,132.52	59,467.60	59,467.60	57,720.00	57,720.00	53,452.52	53,452.52
3	37	1,140.00	95,547.70	95,547.70	90,096.36	90,096.36	86,580.00	86,580.00	78,191.45	78,191.45
4	38	1,140.00	130,633.63	130,633.63	121,337.70	121,337.70	115,440.00	115,440.00	101,693.43	101,693.43
5	39	1,140.00	167,473.86	167,473.86	153,203.86	153,203.86	144,300.00	144,300.00	124,020.31	124,020.31
6	40	1,140.00	206,156.10	206,156.10	185,707.35	185,707.35	173,160.00	173,160.00	145,230.84	145,230.84
7	41	1,140.00	246,772.46	246,772.46	218,860.90	218,860.90	202,020.00	202,020.00	165,380.85	165,380.85
8	42	1,140.00	289,419.63	289,419.63	252,677.53	252,677.53	230,880.00	230,880.00	184,523.36	184,523.36
9	43	1,140.00	334,199.16	334,199.16	287,170.48	287,170.48	259,740.00	259,740.00	202,708.74	202,708.74
10	44	1,140.00	381,217.67	381,217.67	322,353.30	322,353.30	288,600.00	288,600.00	219,984.86	219,984.86

資料來源：富邦人壽人民幣計價優越變額年金保險 DM

➡保單帳戶價值算法（和解約金算法一樣）：

保險年齡 35＝30,000－1,140＝28,860

保險年齡 36＝30,000×2－1,140×2＝57,720

保險年齡 44＝30,000×10－1,140×10＝288,600

年投資報酬率＋2%／＋5%／－5%的數字原則上為保單帳戶價值＋0%的數字乘 1.02/1.05/0.95，用年度算會有誤差，以月或日算更精確。

保單帳戶價值和年金給付

假設事情就是那麼美好，平均年化報酬率可以達到 5%，保單帳戶價值會達到 381,217 元人民幣。

如果選擇一次年金，就將保單帳戶價值一次領完，保單結束。

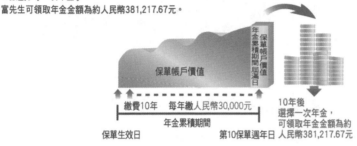

富先生35歲，45歲之保單週年日開始領取年金，當時累計保單帳戶價值為約人民幣381,217.67元，給付方式可選擇以下之其中一種：

1.若選擇【一次年金】：
富先生可領取年金金額為約人民幣381,217.67元。

■ 圖 3-2-3 一次年金
資料來源：富邦人壽人民幣計價優越變額年金保險 DM

如果選擇分期年金，就要知道 DM 關鍵字「假設年金現值因子約 31.6122，預定利率 1.5%」，要了解這代表甚麼意義。意思是，這張投資型年金保險，保單帳戶價值應該要領 43.2 年。它由保險公司保戶資料庫和國民平均餘命（也就是保險條款定義第 24 的「年金生命表」）的大數據分析，已經假設你的壽命到 88.2 歲（＝45＋43.2）。所以活越久（大於 88.2 歲），領越多也越划算；若不幸於88.2 歲前就死亡，領越短就越不划算，也還沒還本，因為它算到你可以領到 88.2 歲。

2.若選擇【分期年金】：

以保證期間15年為例，富先生每年可領取年金約如下表，若富先生在保證期間內身故，富邦人壽繼續給付至保證期間屆滿為止。

- 假設年金現值因子約31.6122，預定利率1.5%，年金宣告利率每年約如上述波動
- 年金現值因子係依預定利率、年金生命表、選擇的年金給付方式計算而得。
- 首年度年金金額＝保單帳戶價值／年金現值因子＝381,217.67/31.6122＝約12059.2 (人民幣)
- 第二度年金金額＝前一年度年金金額 X 調整係數＝12059.2x(1+1.55%)/(1+1.5%)＝約12065.14 (人民幣)
- 第三度年金金額＝前一年度年金金額 X 調整係數＝12065.14x(1+1.60%)/(1+1.5%)＝約12077.03(人民幣)

以此類推…保證至少給付15年，活越久領越多，最長可領取至保險年齡屆滿110歲為止。

給付年齡	宣告利率	預定利率	調整係數	年金金額
45	1.55%	1.5%	第一年無需調整	12,059.20
46	1.60%	1.5%	1.00049	12,065.14
47	1.65%	1.5%	1.00099	12,077.03
...	...	...	...	...

幣別：人民幣，單位：元

■ 圖 3-2-4　分期年金

資料來源：富邦人壽人民幣計價優越變額年金保險 DM

首年/第 2 年度/第 3 年度等等的年金金額，就依據公式用「年金現值因子」和「調整係數」去調整，也沒那麼難。保證至少領 15 年，最長可領到保險年齡屆滿 110 歲保單結束。

貨幣的時間價值

貨幣有時間價值，如果將錢放進銀行，一段時間後銀行會給利息，這是單利。如果將這筆本金和利息再存入，這期除了本金再加上一期的利息繼續生利息，是複利。單利的好處是利息可以拿出來花用，缺點是本金不會持續成長或長大的速度慢。如果要養大資產，最好採取複利模式，意思是「要先忍著別吃棉花糖」。

如要進一步了解「單利、複利、終值、現值、年金終值、年金現值」和舉例，可以參考我書《照著做，提前 10 年享受財富自由》，這裡只針對「年金現值因子」做計算推導。

年金現值因子推導

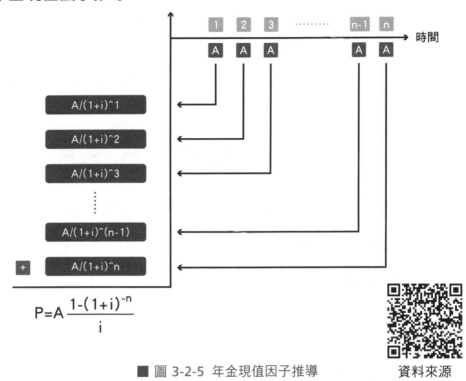

$$P = A \frac{1-(1+i)^{-n}}{i}$$

■ 圖 3-2-5 年金現值因子推導　　　　資料來源

　　1 年後可以領 A 元，你要除以（1＋利息），才是現在的價值。這個過程叫做「折現」，就是將來的錢的價值，換算回現在的價值，主要在於「利息（i）」，因為貨幣有時間價值。2 年後可以領 A 元，你要除以（1＋利息）的平方，才是現在的價值。類推之後，將每一期的 A 元，折現回現在的價值之後再加總，就是 P（present Value，現值）。現值就是在給定的利率水平下，未來的資金折現到現在的價值。

　　而（P/A）就是「年金現值因子」。

　　有時你會看到一些數學符號，例如∞（無限大）或微積分，千萬不要被這些符號給嚇壞了。當 n 趨近極大數值時，∞或微積分就會

出現。但人生短短數十年，大不了年金保險分期年金給付 110 期，將 n＝110 期逐一代入，一樣可以得到答案。如果直接代公式，就會立刻得到解答，一點都不難。

我們將問題簡化，假設利率為 1.5%，未來每年都領 1 元的年金，共領 44 年，折現後加總，得到年金現值因子為 32.0406：

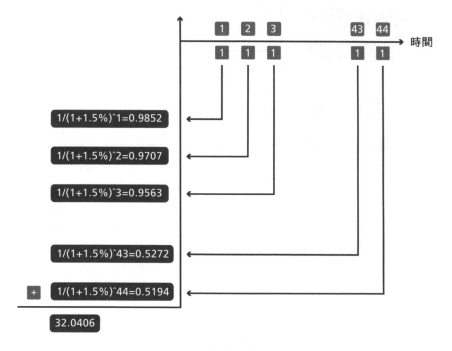

■ 圖 3-2-6 年金現值因子推導（假設利率 1.5%，44 年）
吳家揚/製圖

假設利率為 1.5%，而年金共領 43 年，年金現值因子為 31.5212。

本 DM 得到的「年金現值因子約 31.6122，預定利率 1.5%」情境下，年金可領 43.2 年，所以現年 35 歲的富先生，保險公司預估的壽命為 88.2 歲（＝45＋43.2），相當符合社會現況。

第 4 章

———

認識分離帳戶中的
投資標的

認識基金和 ETF

不會看財報、不會技術分析、不會用籌碼分析來買股票，也沒時間、沒有能力研究投資標的，這樣的「三不兩沒」族群只好將主動權交給別人。對這樣的人，基金（或稱共同基金）或 ETF 是一個很好的選擇。還好投資型保險中的投資標的，不是個股而是基金、ETF、貨幣型或代操。

基金多是主動式基金，而 ETF 多是被動式基金，兩者間最大的差別在於費用。如果以海外投資為主的基金，則會有匯率風險，也因為沒有漲跌幅限制，飆起來和跌下去的速度也很驚人。

基金一定會有一本厚厚的「商品說明書」，金管會要求相關訊息都要放在官方網站上，購買前要先搞清楚。不懂的地方就去投信、銀行或保險公司問清楚。如果超過理解範圍，為了自己荷包的安全，就不要購買。

基金種類

基金有分全球型、區域型、股票型、債券型、非投資等級債券、科技基金、生技基金、原物料、REITs（不動產投資信託受益證券）、ETF、貨幣型、期貨信託、多元貨幣、多重資產等多種型態，也有不同的風險等級。青菜蘿蔔各有所愛，投資人宜增大眼睛好好看清楚再下單。

基金可分「累積型」和「配息型」兩種。配息型是投資收益會按約定時間配息，如年配息或月配息等。且配息有可能來自本金，不會

有複利效果。累積型，就是不配息，獲利滾進本金繼續投資。累積型或配息型，各有優缺點，看自己的需求而定。

買基金有 4 種主要的費用

1. 手續費：購買時收取，股票型 3%，債券型 1.5%，再乘上各通路的折扣。

2. 賬戶管理費：又稱信託管理費，每年 0.2%贖回時收取，只有跟銀行買才有。

3. 經理費：反應在淨值內，大多在 1%~2.5%/年，債券型基金會比股票低，ETF 最低。

4. 保管費：反應在淨值內，大約也是 0.2%。

台灣各家金融機構的基金費用，因競爭激烈，可能差異不大。

收費種類

基金公司為了行銷，開發出「前收型（A 股）基金」和「後收型（B 股）基金」兩大類商品。B 股基金實收費用會比 A 股更高，更不利於長期持有，所以至少要選 A 型的基金。

後收型基金與前收型基金的兩點大差別，「遞延手續費」和「分銷費」，長期侵蝕我們的獲利：

1. 後收型基金必須綁約一段時間無法贖回，如果要提前贖回必須繳交罰金，也就是「遞延手續費」，而且費用通常會比前收型的申購費用高很多。

2. 「分銷費」基本上就是給銷售通路的佣金。和基金經理費一樣，每一年都會按照一定的比率（約 1%）從基金的資產規模中扣除。因為它是內扣費用，時間到就會自動從基金淨值內扣除，所以這

筆費用常被投資人忽略！通常前收型基金是沒有分銷費的。

申購手續費的查詢非常簡單，基本上基金資訊揭露平台都會標示。但「遞延手續費」與「分銷費」，這兩者不屬於必要揭露項目，很難直接得知費率是多少。如果想要查到這兩項費用的實際數字，最好從「公開說明書」或「投資人須知（基金專屬資訊）」去找。

資料來源

後收型基金的收費方式既複雜又多且有爭議，金管會規定要加警語或特別說清楚。可參考彰化銀行官網：

資料來源

基金風險指標

投信投顧公會公布「基金風險報酬等級分類標準」係依基金類型、投資區域或主要投資標的／產業，由低至高，區分為「RR1、RR2、RR3、RR4、RR5」五個風險報酬等級。分類基於一般市場狀況反映市場價格波動風險，無法涵蓋所有風險，不宜作為投資唯一依據。風險報酬等級 RR1 最低，RR5 最高。

金管會要求，買基金前要先評估投資屬性，了解自己是屬於積極型、穩健型、還是保守型的投資人。如果是保守型的投資人，RR5 的商品無法購買，必須重新評估屬性，分數到了才能購買。

由報酬率 Y 軸和標準差 X 軸，所構成的「風險與報酬關係圖」，一個很視覺化的圖，可以很輕易分辨風險等級和「掛羊頭賣狗肉」的基金。

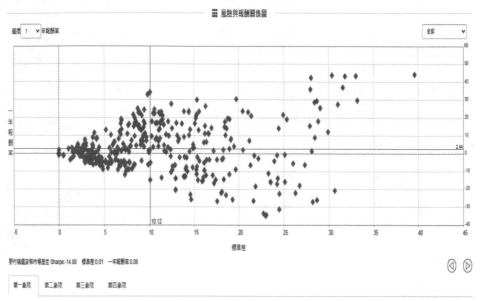

資料來源

■ 圖 4-1-1 風險與報酬關係圖
更新日期 2022/01/15

　　以上這張風險與報酬關係圖是全部基金混在一起，我們可以細分成「股票型、債券型、保本型、貨幣市場型、平衡型、多重資產型、金融資產證券化型、不動產證券化型和組合型」等九大類基金，仔細檢查投資標的的報酬率和標準差。

　　「標準差」可當作一種「風險指標」，是一種分散程度的統計觀念，主要是根據基金淨值，在一段期間內上下波動的情況計算而來。一般而言，標準差的值越大表示淨值的漲跌較大，風險程度自然也較大。

基金常見的專有名詞

　　除標準差之外，夏普值、貝他係數（β 係數）、α 係數、平均

報酬率等，也是購買基金必看指標。

　　標準差越大，基金淨值波動大，風險越大；標準差的數值，越小越好。

　　夏普值：承受每單位風險所得的報酬，數值越大越好。

　　β 係數：個別基金受整體市場影響的程度；$\beta > 1$ 表示基金波幅較大盤大，相對市場漲跌較大；$\beta < 1$ 表示基金波幅較大盤小，相對市場漲跌較小。

　　α 係數：基金經理的管理績效評估，數值越大越好。

　　基金成立時間越久越好，會經歷過多次的金融風暴及景氣循環等考驗；資產規模越大越好，比較不易因大量的贖回潮遭清算。

　　如果對基金不夠了解，「基金知識庫」的訊息可以當做大補丸，提高我們的知識含量。

資料來源

ETF 是投資人的好朋友

　　ETF（Exchange Traded Funds）指數股票型證券投資信託基金，是追蹤標的指數變化並可以在證券交易所交易的一種基金，也是所謂的「被動型基金」。ETF 的基金經理人依照標的指數成分的權重調整，來進行資產配置。當標的指數上漲或下跌，EFT 淨值也會隨之增加或減少。對於不會選股或沒時間研究股票的人，利用 ETF 投資一籃子的股票，可以達到分散風險的目的。

　　ETF 是一種貼近指數報酬的商品，其包含的投資組合依照指數所包含的成分股調整，因此投資 ETF 具有分散風險的優點，而投資人也可以瞭解目前 ETF 的成分股為何。加上 ETF 管理費用相當的低廉，一年的管理費約為 0.35%，比起基金 2%~5% 低了許多，所以ETF 算是一種投資相當方便且費用低廉的商品。

認識分離帳戶中的投資標的

ETF 也算是基金的一種,所以像基金一樣,會有很多的費用,也要看清楚。總而言之,ETF 具備了交易方便、成本低廉、分散風險、多樣化、透明度高、信用交易等等許多優點。現在 ETF 也有「主動型基金」,收費也不便宜,購買前要看清楚。

近幾年來,ETF 在世界各國的法人和個人投資的比重大幅提高,成交量越來越大,在投資市場中的分量越來越重。國人投資 ETF 市場人數增多,躍躍欲試者眾多,但國內多半 ETF 小額投資人對其商品屬性,可能連一知半解都還稱不上,即勇敢入市,為此而失利者亦不在少數。投資前,要先了解 ETF 的基本原理原則,才有機會獲利。

可透過 ETF 從台灣證券交易市場,投資全世界

ETF 投資顯學,從台灣第一檔 ETF 由寶來 2003/06/30(經合併後,現已更名元大)發行的 0050 採用完全複製法追蹤台灣 50 指數,到各家投信大舉投入資源發行,投資標的涵蓋國內外、原油、黃金等等。

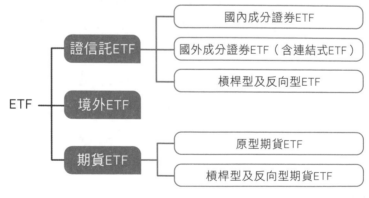

圖 4-1-2 ETF 種類

資料來源

ETF 的四大投資風險

ETF 的風險也是基金的風險，投資前要先搞清楚：

一、一般投資風險：1.市場風險。2.集中度風險。3.流動性風險。4.折溢價風險。5.追蹤誤差風險。6.終止上市風險。

二、國外成分股 ETF、連結式 ETF 及境外 ETF 另外須考慮之其他投資風險：1.市價波動風險。2.匯率風險。

三、期貨 ETF 另外須考慮之其他投資風險：1.期貨轉倉成本。2.投資歐美市場之時間差風險。3.期貨及現貨價格或有差距。

四、槓桿型及反向型 ETF 另外須考慮之其他投資風險：1.期、現貨之正逆價差影響追蹤誤差。2.每日動態調整侵蝕獲利。3.正向倍數或反向倍數報酬率僅限於單日。

資料來源

ETF 達到下市門檻也會被清算下市

1. 若 ETF 淨值太低，會清算下市，例如寶來（現已併入元大投信）發行的寶富盈（櫃買 006202）就是一例。

寶富盈於 2011/01/12 成立的指數股票型基金，也是台灣第一檔債券 ETF，採取追蹤台灣指標公債指數的被動式管理。2011 年 8 月由於長期流動性不足，且 2013 年因次級市場交易價格長期低於淨值，且折價幅度達 20%左右，加上交易量低落導致流動性不佳，於 2 月 26 日召開受益人會議通過申請終止上櫃及後續清算作業，同年 5 月 21 日終止上櫃、5 月 27 日為清算基準日。這檔 ETF 壽命短且讓我和許多投資人損失不少，令人印象深刻。

2. 若 ETF 淨值太低，會清算下市，例如期富邦 VIX（00677U），已於 2021/06/03 下市。

美股在 2020/03/16 遭逢 1987 年以來最大跌幅後，反映華爾街恐慌程度的 CBOE 波動率指數（VIX）收盤飆升至 82.69，刷新歷史紀錄。之前是由金融海嘯 2008/11/20 寫下的歷史紀錄 80.86，可見武漢肺炎才是百年一見的大災難。恐慌指數 VIX 在 2020/03/16 後，便一路下跌，富邦 VIX ETF 截至 2021/04/23 止，最近 30 個營業日基金平均單位淨資產價值為新台幣 1.979 元，低於 2 元門檻，已達到下市清算條件。最後交易日 6 月 2 日、清算基準日 6 月 15 日。

3. 元大 S&P 原油正向 2 倍 ETF（00672L）於 2021/11/13 下市。

台灣第一檔原油期貨槓桿 ETF 歷經沙俄兩國大打石油價格戰、武漢肺炎重創原油需求、西德州原油期貨出現負油價等利空夾擊，導致淨值重挫，始終無法回到 2 元，最終難逃下市的命運。

小結

基金是經理人操作經過研究團隊評估過的投資標的，是「主動型基金」，收費標準比 ETF「被動型基金」貴許多，且長期績效不一定比較好，獲利被基金公司「剝削」很大。

與基金的不同之處在於，ETF 會每日公布其投資組合，讓投資人可清楚便利的掌握目前基金內的資產內容。ETF 從「單一追蹤指數商品」，到期貨、槓桿、反向、主動型、逐漸演變成「投資整體解決方案」，市場接受度大增，新產品持續推出。但投資畢竟有風險，也不保證獲利，了解 ETF 的商品規格和特性，才有機會從中獲取「額外的利潤」。如果不甚了解，當成一般基金定期定額扣款也行，但最好選擇流動性沒問題，且長期看好的商品。長期而言，例如 0050，獲利應該也不差。

投資人所需要的，就是找到投資績效良好的經理人和大型聲譽良好的基金公司來投資，可避免不必要的風險。基金的成交量要大，比較不會有流動性風險。基本上，「主動型基金」的經理費用會比「被動型 ETF」高許多。長期而言，絕大多數的主動型基金的經理人績效，是無法打敗 ETF 的，所以巴菲特大力推薦 ETF。如果你「拿到的」投資績效，遠不如基金公司「聲稱的」投資績效，表示已被高額經理費或其他隱性費用吸乾，這時就要換基金或換買 ETF。

　　目前許多 ETF 中，許多都有流動性問題，流動性一定要列為重要指標。下市理由不外乎，規模太小、淨值太低。ETF 的下市是投資此商品的一大風險，持有後必須定期關心淨值。細數 2020 年以來，ETF 包含元大 S&P 原油正向 2 倍、國泰日本正 2、國泰日本反 1、復華美國金融服務業股票、新光 ICE 美國權值等等已經下市。所以老話一句，投資前還是要做功課，要知道「商品資訊」和研究「公開說明書」，最好等上市一段時間後，各方面評價都可以時，再投入資金。

　　如需要更多關於 ETF 的補充說明，可以參考我的書《照著做，提前 10 年享受財富自由》。

基金和 ETF 的操作策略

　　和股票比起來，基金和 ETF 選擇方式相對單純，還有一些簡單的策略可以運用，例如定期定額、定期不定額、不定期不定額、單筆加碼、金字塔買進、倒金字塔賣出，停利和停損。

淨值趨勢圖

　　一、微笑曲線型 SMILE：只要你「自認為」可以經歷一個完整的產業循環，或許 2 年到 5 年，基本上就是可以投資的標的。

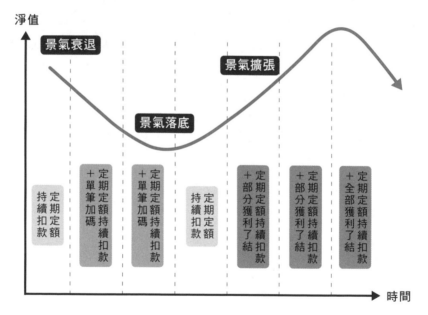

淨值

景氣衰退

景氣擴張

景氣落底

| 持續定期扣款定額 | ＋單筆加碼定期定額持續扣款 | ＋單筆加碼定期定額持續扣款 | 持續定期扣款定額 | ＋部分獲利了結定期定額持續扣款 | ＋部分獲利了結定期定額持續扣款 | ＋全部獲利了結定期定額持續扣款 |

時間

■ 圖 4-2-1 基金微笑曲線圖
吳家揚/製圖

　　SMILE 投資術，簡單又好用，但你真的「自認為」可以撐過一個循環嗎？定期定額不停扣，甚至要違反人性大舉加碼，也不容易做到。2008 年金融海嘯或 2020 年武漢肺炎來臨時，許多人不但停扣，

甚至賠大錢贖回。後來基金淨值反彈而別人有獲利時，基本上已經和你無關了。

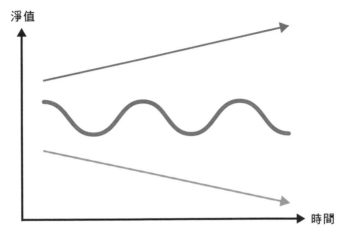

■ 圖 4-2-2 基金中長期趨勢圖
吳家揚/製圖

二、趨勢向上型：無論何時，無論採取甚麼策略，都很容易賺到錢。

三、橫盤整理型：橫盤整理型只要振幅不大，無論採取甚麼策略和怎麼扣款，可能都無法克服大筆的費用，建議少碰。

四、趨勢向下型：如果看不到曙光，建議認賠出場另起爐灶。例如失落的日本基金和世礦基金，可能會先讓你套牢 10 年甚至 20 年，直到最近幾年才有機會解套，損失機會成本。

4433 法則

4433 是大家都熟悉的法則，台大教授們研發出來的方法。第一個 4：一年期基金績效排名在同類型前四分之一者。第二個 4：兩年、三年、五年期及自今年以來基金績效排名在同類型前四分之一者。第一個 3：六個月績效排名在同類型前三分之一者。第二個 3：三個月績效排名在同類型前三分之一者。基金網頁上，也幫我們篩選好了，還區分國內和海內，真是佛心來的。

■ 表 4-2-1 符合 4433 國內標的

國內 ∨　符合四四三三　∨　不篩選 ∨

資料日期：2022/01/14

固定表頭　解除固定

+ 圖案	基金名稱	四四三三分類	報酬率(%)							風險等級
			今年以來	三個月	六個月	一年↑	二年	三年	五年	
☐	聯博多元資產收益組合基金AD配息(南非幣)(本基金得投資於非投資等級之高風險債券基金且配息來源可能為本金)	全球組合型平衡型	-0.88	2.99	3.40	12.94	22.32	48.74	76.56	RR3
☐	聯博多元資產收益組合基金AD配息(人民幣)(本基金得投資於非投資等級之高風險債券基金且配息來源可能為本金)	全球組合型平衡型	-1.04	2.60	2.64	10.91	18.89	38.66	54.36	RR3
☐	復華南非幣長期收益基金B配息(基金之配息來源可能為本金)	債券型海外債券投資等級全球新興市場	-0.10	2.41	3.57	9.73	19.03	25.93	42.65	RR2
☐	復華南非幣長期收益基金A不配息	債券型海外債券投資等級全球新興市場	-0.06	2.41	3.47	9.68	18.98	25.76	42.53	RR2
☐	瀚亞新興南非蘭特債券基金B配息(本基金有相當比重投資於非投資等級之高風險債券且配息來源可能為本金)	債券型海外債券投資等級全球新興市場	0.05	2.24	2.82	7.69	12.29	20.02	36.40	RR3
☐	瀚亞新興南非蘭特債券基金A不配息(本基金有相當比重投資於非投資等級之高風險債券)	債券型海外債券投資等級全球新興市場	0.04	2.23	2.81	7.68	12.28	20.02	36.38	RR3
☐	聯博全球高收益債券基金TA配息(南非幣)(本基金主要係投資於非投資等級之高風險債券且配息來源可能為本金)	債券型非投資等級債券型	-0.83	0.71	0.81	5.57	7.39	24.67	40.04	RR3
☐	宏利美元高收益債券基金-B月配息(人民幣避險)(本基金主要係投資於非投資等級之高風險債券且基金之配息來源可能為本金)	債券型非投資等級債券型	-0.40	1.21	1.75	5.40	9.26	19.32	25.89	RR3

資料來源

■ 表 4-2-2 符合 4433 海外標的

海外 ∨　符合四四三三 ∨　不篩選 ∨

加入已下架基金

資料日期：2022/01/14

固定表頭　解除固定

+ 圖案	基金名稱	四四三三分類	報酬率(%)							風險等級	交易
			今年以來	三個月	六個月	一年↑	二年	三年	五年		
☐	貝萊德世界能源基金A2美元	能源	13.66	12.30	26.41	44.14	13.72	18.60	0.70	RR4	
☐	愛德蒙得洛希爾基金-大數據基金(A)-歐元	全球	1.04	7.87	8.56	26.87	42.50	82.12	95.30	RR4	
☐	NN(L)歐元高股息基金X股對沖級別美元(月配息)(本基金配息來源可能為本金)	歐洲地區	2.68	8.33	9.36	25.57	28.11	57.46	60.25	RR4	
☐	摩根投資基金-環球股息基金(美元對沖)(每月派息)(本基金配息來源可能為本金)	全球	0.95	9.32	8.49	22.01	39.21	74.58	90.98	RR3	
☐	美盛銳思美國小型公司機會基金C類股美元累積型	中小型股	-0.07	4.14	2.36	20.55	64.77	91.07	102.02	RR4	
☐	摩根投資基金-環球股息基金(美元)(累計)	全球	1.30	9.56	7.79	20.12	38.89	72.07	91.09	RR3	
☐	富達基金-全球科技基金(A股累計-美元避險)	科技	-0.71	4.55	3.31	19.58	67.94	141.82	215.78	RR4	
☐	富達基金-日本潛力優勢基金(Y類股份累計股份-日圓)	日本	3.62	5.08	5.85	18.72	30.11	59.89	75.30	RR4	
☐	富達基金-日本潛力優勢基金(A股累計-美元避險)	日本	3.58	4.88	5.35	17.89	28.77	60.32	77.27	RR4	
☐	富達基金-日本潛力優勢基金	日本	3.57	4.84	5.39	17.72	27.91	55.85	68.09	RR4	
☐	鋒裕匯理基金+環球高收益債券B南非幣(穩定月配息)(本基金主要係投資於非投資等級之高風險債券且基金配息來源可能為本金)	高收益債	17.02	4.46	6.07	17.03	15.22	31.87	52.58	RR3	

資料來源

操作策略

2008	2009	2010	2011	2012	2013	2014	2015	2016	2017	2018	2019*
US Treasuries 14.0%	MSCI EM 79.0%	Gold 29.2%	US Treasuries 9.8%	REITS 23.8%	S&P 500 32.4%	S&P 500 13.7%	S&P 500 1.4%	Global HY 14.8%	MSCI EM 37.8%	Cash 1.8%	REITS 30.7%
Gold 4.3%	Global HY 62.0%	MSCI EM 19.2%	Gold 8.9%	Global HY 19.3%	MSCI EAFE 23.3%	REITS 11.7%	US Treasuries 0.8%	S&P 500 12.0%	MSCI EAFE 25.9%	US Treasuries 0.8%	S&P 500 29.8%
Cash 2.1%	MSCI EAFE 32.5%	Commodities 16.8%	Global IG 4.5%	MSCI EM 18.6%	Global HY 8.0%	US Treasuries 6.0%	Cash 0.1%	Commodities 11.8%	S&P 500 22.0%	Gold -1.9%	MSCI EAFE 21.0%
Global IG -8.3%	REITS 31.7%	REITS 15.9%	Global HY 2.6%	MSCI EAFE 17.9%	REITS 0.7%	Global IG 3.2%	MSCI EAFE -0.8%	MSCI EM 11.2%	Gold 12.9%	Global HY -3.3%	Gold 15.9%
Global HY -17.9%	S&P 500 26.5%	S&P 500 15.1%	S&P 500 2.1%	S&P 500 16.0%	Global IG 0.1%	Gold 0.1%	REITS -3.4%	Gold 8.6%	REITS 11.5%	Global IG -3.4%	Commodities 15.6%
Commodities -35.6%	Gold 25.0%	Global HY 13.9%	Cash 0.1%	Global IG 11.1%	Cash 0.1%	Cash 0.0%	Global IG -3.6%	Global IG 4.3%	Global HY 10.2%	REITS -3.9%	MSCI EM 13.3%
S&P 500 -37.0%	Global IG 19.2%	MSCI EAFE 8.2%	REITS -9.4%	Gold 8.3%	MSCI EM -2.3%	Global HY -0.1%	Global HY -4.2%	REITS 1.3%	Global IG 9.3%	S&P 500 -4.3%	Global HY 12.3%
MSCI EAFE -43.1%	Commodities 18.9%	Global IG 6.0%	MSCI EAFE -11.7%	US Treasuries 2.2%	US Treasuries -3.3%	MSCI EM -1.8%	Gold -10.4%	US Treasuries 1.1%	Commodities 7.6%	Commodities -12.9%	Global IG 11.8%
REITS -50.2%	Cash 0.2%	US Treasuries 5.9%	Commodities -13.3%	Cash 0.1%	Commodities -9.5%	MSCI EAFE -4.5%	MSCI EM -14.9%	MSCI EAFE 1.0%	US Treasuries 2.4%	MSCI EAFE -13.2%	US Treasuries 8.8%
MSCI EM -53.2%	US Treasuries -3.7%	Cash 0.1%	MSCI EM -18.2%	Commodities -1.1%	Gold -27.3%	Commodities -17.0%	Commodities -24.7%	Cash 0.3%	Cash 0.8%	MSCI EM -14.3%	Cash 2.3%

■ 圖 4-2-3 各類基金投資績效

資料來源：網路

這張各類基金投資績效圖，基金公司在舉辦產品說明會時也常會引用。意思是，風水輪流轉，前幾名和後幾名的苦主，大家輪流當。這就是景氣循環下投資報酬率的結果，也告訴我們主流是甚麼。但要預測主流，很容易嗎？這些都是事後諸葛。

有一個簡單的辦法，就是追逐強勢族群，若有需要，每季變換投

認識分離帳戶中的投資標的

資標的。舉例：每季固定季底從平台上找基金，然後選定自己喜愛的類型如股票型，點選「一年%」讓它排序，選出前 5 名的標的。每季初，依照策略每支基金投入 20%的資金。但需注意：成交量低的、槓桿和反向的標的，不要納入比較安全。理論上，這不保證一定賺，長期而言，投資績效應該是「大贏小輸」的結果。我們也可以先來紙上模擬，每季換一次標的，用歷史資料來觀察 2 年或 3 年的績效為何？

■ 表 4-2-3 強勢基金排行

基金組別	一週%	一個月%	三個月%	六個月%	年初至今%	一年%	三年%	五年%	十年%
越南股票	-2.50	-0.39	7.64	8.96	42.58	42.58	22.54	17.38	14.81
房地產 - 北美（間接）	-0.94	7.51	13.30	13.69	36.92	36.92	16.36	9.61	9.09
產業股票 - 能源	5.14	4.16	3.62	5.66	33.83	33.83	3.16	-0.37	-0.88
台灣大型股票	-0.26	4.70	10.71	7.97	30.85	30.85	30.30	21.09	13.55
非洲及中東股票	3.46	3.25	4.05	9.03	29.02	29.02	13.60	10.22	8.91
印度股票	2.60	3.27	-0.48	10.42	26.12	26.12	14.79	13.19	11.46
美國大型均衡型股票	-0.57	4.08	9.18	9.35	25.11	25.11	23.54	16.03	13.89
房地產 - 全球（間接）	-0.37	6.02	9.32	8.88	24.56	24.56	12.67	8.24	8.09
產業股票 - 水資源	-2.93	4.76	7.79	8.70	22.65	22.65	23.12	14.91	12.01
產業股票 - 金融服務	1.49	4.32	2.78	4.71	22.32	22.32	13.86	8.21	8.72
義大利股票	-0.66	6.04	3.98	5.39	22.13	22.13	16.81	11.88	8.45
全球邊境市場股票	1.92	1.21	2.38	5.69	21.30	21.30	10.86	7.56	8.34
台灣中小型股票	-1.90	2.03	11.63	10.78	17.40	20.10	6.63	8.54	4.76
瑞士中小型股票	-3.37	6.93	6.97	6.42	19.67	19.67	22.92	14.91	13.88
美國中型股票	-1.09	3.50	5.17	4.13	19.47	19.47	22.77	13.81	13.13
瑞士大型股票	-2.62	7.16	10.95	8.06	18.89	18.89	21.30	14.55	11.60
美國畫活型股票	-0.69	3.58	4.70	2.33	18.42	18.42	22.25	14.11	13.38
美國小型股票	-2.15	2.67	2.77	0.92	17.77	17.77	23.34	14.99	13.81
歐洲不包括英國中小型股票	-0.44	5.33	4.09	4.46	17.73	17.73	22.82	14.64	13.23
產業股票 - 工業物料	1.16	6.54	7.14	3.91	17.69	17.69	20.30	13.02	9.25

（更新日期為：2022/01/15）

資料來源

小結

　　雖然投資型保險中的基金或 ETF 的標的，沒有像銀行或投信通路這麼多，但基本的操作原理相同。保險中不管有幾檔基金或 ETF，我們就按照 4433 或強勢基金的排行榜，挑出基金或 ETF 後，再比對投資型保險中的標的就挑相同的，這會讓我們的保單帳戶價值，有機會可以不斷的向上提升。

補充說明

　　如果只是單純要買基金，而不是購買投資型保險，當基金選好之後，可透過銀行、投信或「基富通」來購買。最好是選擇每年預期報酬率 8%或 10%以上的標的，因為基金交易和持有費用並不便宜。銀行理專或投信業務員常勸人頻繁交易，這樣才能成為他們的「好客戶」，他們的年終獎金也寄託在你身上。但如果我們有很清楚的操作策略，不必人云亦云，即使頻繁交易也沒問題，因為獲利足以負擔所有成本。但要定期檢查績效，確保一切都在掌握之中。

　　基富通證券股份有限公司（簡稱基富通）是台灣集中保管結算所及櫃檯買賣中心為創始股東，並結合 34 家國內外資產管理公司成立。2016/01/27，基富通取得正式營業執照。

資料來源

　　基富通「好好退休準備平台」的投資專區，可以幫助投資人以合理的成本、足夠的資訊、方便的介面，在網路上安心地投資基金。該平台提供 40 檔基金，你可以將研究好的基金，透過這個平台來購買，可以節省不少費用（3.2%~4.2%），如果有你想要購買的基金的話。

資料來源

認識非投資等級債券基金

　　會關心非投資等級債券基金的人,可能是已經持有非投資等級債券基金或準備低點買進者,迫切想要知道:「現在值得買進或繼續持有嗎?」

　　要提醒投資人的是,在問這問題之前,更重要的是要了解非投資等級債券基金的參考指標,當有這些基本的認識基礎之後,再來研究提高投資報酬率的方法和工具。

債券種類和風險

　　一如所有的投資,風險與報酬亦是相對的。一般而言,非投資等級債券基金違約風險最高,報酬率也最高;而政府公債違約風險最低,當然報酬率也最低。債市投資風險及投資報酬率為:非投資等級債券>投資等級債券>政府公債。

　　國人愛買非投資等級債券基金,但非投資等級債券基金俗稱「垃圾債券基金」或「高收益債券基金」,投資風險高。台灣人不愛「垃圾」這個字眼,所以投信投顧習慣用「高收益」。

　　要特別提醒投資人,非投資等級債券基金與股票的相關係數高達0.92,它的特性比較接近「股票」而非政府公債,要避免看到「債券」兩字就有穩健低風險的既定印象。非投資等級債券對利率敏感度不高,很多人並不了解。債信評等較低的債券,通常會支付較高的票面利率來吸引投資人,做為投資人承擔額外風險所應獲得的補償。同樣地,投資人會有拿不到利息或本金的信用違約風險。

非投資等級債券基金投資要注意流動性風險，尤其是基金資產規模太小或新興市場遭遇金融市場大幅變動，導致基金資產大幅減損時，可能會面臨清算、暫停贖回、暫停報價或採公平淨值調整機制，造成損失。

參考指標

◎到期收益率（Yield to Maturity）：債券投資至到期日為止投資人「預期」能賺到的收益率，亦稱「殖利率」。也就是投資人付出價格以換得將來一連串利息收入及收回本金，所能賺取的報酬率。

◎存續期間（Duration）：一個債券投資者得以回收所有現金流量的平均期限。主要用來測試債券價格對市場利率變動的敏感度。存續期間越長，債券價格的波動性越大，投資者的風險愈高。當預期利率看漲時，存續期間較長的債券，價格下跌的幅度就會大於存續期間較短的債券，所以會「賣長買短」。

◎夏普指標（Sharp Ratio）定義為：每承擔一單位的標準差（風險）下，投資人可獲得的溢酬（premium）。夏普值越大越好。

◎本金除以每單位配息：配息來源有多少是本金，愈低愈好。

考慮要素

衡量非投資等級債券基金值得投資與否的因素有許多：到期收益率、平均存續期間、信評、本金除以每單位配息、今年的報酬率、過去的投資績效、基金投資標的、投資地區、和計價幣別、經理費、手續費、風險值（標準差和夏普值）等等。

要考慮：波動不要太大的標的，標準差愈小愈好；夏普值愈大愈好；平均存續期愈短愈好；投資等級至少 B 以上，愈高愈好；到期

收益率愈高愈好；基金規模不能太小，避免流動性風險；全球布局的基金，且目前投資在能源礦業的比重盡量降低；美元計價，避免匯率風險，賺了價差而賠了匯差。

投資獲利最好的情況是，拿到配息且基金淨值向上，兩邊賺。次之的情況，拿到配息但基金淨值持平，賺一邊。較差的情況是拿到配息但基金淨值向下，加總結果是賠錢。最差的情況是拿到配息金額持續下降，且基金淨值大幅下降，結果大賠。

標的說明

1.以「霸菱成熟及新興市場非投資等級債券基金-A 類美元月配息型（本基金主要係投資於非投資等級之高風險債券，且配息來源可能為本金）」來說明如下：（見圖 4-3-1、圖 4-3-2、圖 4-3-3）

基本資料	基金淨值	基金績效	風險報酬	配息紀錄	持股狀況

9.3000 境外 ▾ 霸菱投顧 ▾ 請選擇境外基金 ▾   友善列印

標的代碼	BRB3 | BRB3 (註一)	計價幣別	美元	文件下載
ISIN Code	IE0032158457	投資區域	全球	基金月報
海外發行公司	霸菱環球系列基金	風險報酬等級	RR3	投資人須知(專屬)
成立日期	2002/11/15	配息頻率	月配	投資人須知(一般)
基金規模	606 百萬美元(2021/11/30)	年化配息/提解率(%)	6.0000	公開說明書
標的類型	債券型	最高經理費(%)	1.0000	財務報告書
指標指數	ICE BoAML Global High Yield Index	最高保管費(%)	0.4500	短線交易規定
基金評等	☺☺☺☺☺	最高銷售費(%)	5.0000	

得獎紀錄	無

相關保險商品	現售	富邦人壽外幣計價真利多利變額年金保險_VBBF 富邦人壽真多利變額年金保險_VBBT 富邦人壽外幣計價真有利變額年金保險_VBCF 富邦人壽真有利變額年金保險_VBCT
	停售	富邦人壽外幣計價真多利變額年金保險_VABF_停售 富邦人壽真多利變額年金保險_VABT_停售 富邦人壽外幣計價真有利變額年金保險_VACF_停售 富邦人壽真有利變額年金保險_VACT_停售

■ 圖 4-3-1 BRB3 商品基本資料

資料來源

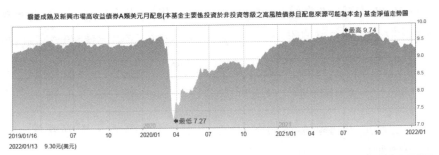

■ 圖 4-3-2 BRB3 基金淨值

➡當恐慌來臨時，幾乎所有基金淨值都會受到影響，2020 年的武漢肺炎就是一例。當恐慌過去之後基金淨值會慢慢回歸正常軌道，如果有低檔加碼者就會賺更多。（見圖 4-3-2）

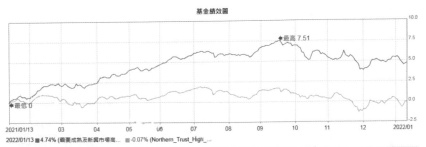

■ 圖 4-3-3 BRB3 基金績效

➡2021 年是經濟強勁復甦的一年，非投資等級債券基金繼續受惠於強勁的基本面及技術面。企業盈餘持穩、違約率較低，但近期因為武漢肺炎變異毒株擴散帶來不明朗因素、美國聯準會計劃縮減購債規模，加上中國市場傳出一些利空消息，導致市場績效走弱。

在官網上，有基本資料、基金淨值、基金績效、風險報酬、配息紀錄和持股狀況。我們要常常來逛逛，看看最新資訊，如果績效不佳，則要考慮換標的。（見圖 4-3-3）

2. 富邦六年到期新興市場債券基金（美元）（本基金有相當比重投資於非投資等級之高風險債券）

基本資料	基金淨值	基金績效	風險報酬	配息紀錄	持股狀況		
11.9362 🔺	國內 ▾	富邦投信 ▾	請選擇國內基金 ▾				🖶 友善列印
標的代碼	AA001		AA001 (註一)	計價幣別	美元		文件下載
ISIN Code	TW000T1079A0			投資區域	拉丁美洲，中東歐，新興亞洲		財務報告書
基金公司	富邦投信			風險報酬等級	RR3		公開說明書
成立日期	2018年10月29日			配息頻率	無		簡式公開說明書
標的規模	12.49億元(台幣) (2021/12/31)			年化配息/提解率(%)	N/A		短線交易規定
標的類型	債券型-目標到期債券基金			最高經理費(%)	2.5000		基金月報
指標指數	Bloomberg US Agg Gov/Credit Total Return Value Unhedged USD			最高保管費(%)	0.1200		
基金評等	😊😊😊😊😐			手續費(%)	2.0000		
得獎紀錄	無						
相關保險商品	停售	富邦人壽外幣計價鑫享優利變額壽險_ULUA_北富銀專賣_停售 富邦人壽外幣計價鑫享優利變額年金保險_VAPF_北富銀專賣_停售					

■ 圖 4-3-4 AA001 基本資料

資料來源

➡這檔基金已經停售了。

<u>富邦六年到期新興市場債券證券投資信託基金(本基金有相當比重投資於非
投資等級之高風險債券)</u>
簡式公開說明書

(一)本簡式公開說明書係公開說明書之重點摘錄，相關名稱及文字定義與公開說明書完全相同。
(二)投資人申購本基金後之權利義務詳述在公開說明書，投資人如欲申購本基金，建議參閱公開說明書。

壹、基本資料			
基金名稱	富邦六年到期新興市場證券投資信託基金(本基金有相當比重投資於非投資等級之高風險債券)	成立日期	107年10月29日
經理公司	富邦證券投資信託(股)公司	基金型態	開放式
基金保管機構	永豐商業銀行股份有限公司	基金種類	海外債券型
受託管理機構	無	投資地區	投資於國內、外
國外投資顧問公司	無	存續期間	本基金之存續期間為自成立日之次一營業日起屆滿六年之當日（如該日為非營業日則指次一營業日）
收益分配	不分配	計價幣別	美元、人民幣
績效指標 benchmark	無	保證機構	無；本基金非保證型基金
		保證相關重要資訊	無

■ 圖 4-3-5 AA001 簡式公開說明書

➡從公開說明書可以看出，投資範圍包含反向型 ETF 及槓桿型 ETF 等，就是衍生性金融商品，是高風險商品，目前已經到期停售了。

資料來源

高收益債券基金更名為「非投資等級債券基金」

考量近期國際經濟情勢變動快速，為強化投資人保護，提升投資人對投資風險之認知，2021/11/04 金管會近期就高收益債券基金採行相關強化監理措施如下：1.修改「高收益債券基金」名稱為「非投資等級債券基金」，金管會同意中華民國證券投資信託暨顧問商業同業公會（下稱投信投顧公會）之建議，修改其中文名稱為「非投資等級債券基金」，並請投信投顧公會轉知相關業者於 6 個月內辦理後續基金名稱變更事宜。2.強化基金風險揭露及提供更多風險評估參考資訊。3.強化銷售機構辦理客戶基金適合度評估。

資料來源

147

金管會將限制投資型保險不得投資非投資等級債券基金

金管會預計 2022 年第 2 季將頒布新規定，考慮要求投資型保險可以投資的基金要比照目標到期債券基金，投資的債券信評必須在 BBB＋級以上，且投資 BBB＋最多不逾 40%，也就是保險不得再投資所謂的非投資等級債券基金。2021 年投資型保險大賣近 5,775 億元，創史上單年新高銷售量，其中 90%以上是連結「類全委」，投資標的亦有非投資等級債券基金，才能將年化撥回率（類似配息率）拉高到 5%或更高。若金管會新規定如期上路，保險業者預估 2022 年投資型保險買氣將急凍。

資料來源

台股基金超車非投資等級債券基金

根據投信投顧公會統計，2021 年 10 月台股基金總規模突破 9,000 億元（新台幣）後，短短兩個月又激增近千億元的規模，在 2021 年 12 月總規模來到 9,978 億元（新台幣），續創新高。台股主動式基金及 ETF 受惠熱錢湧入，且相較境內外高收益債券基金規模 9,563 億元（新台幣）為高，台股基金躍為國人投資的主要選擇。

資料來源

在 2022 年第 2 季，新購買的投資型保險就不能購買非投資等級債券基金，而舊有保單則不能再新增投資部位，細節有待金管會進一步落實。好消息是最近幾年台股基金很強勢，許多基金例如元大台灣卓越 50 基金（0050）等等，都有百億元的規模，對於投資型保險投資標的中，接收非投資等級債券基金所留下來的市場，也有極大幫助。

專家代操的類全委保單

從 2000 年 11 月發行第一張投資型人壽保險以來，曾因投資市場的榮景而創造出不錯的銷售業績。但在 2008 年金融海嘯的衝擊下，不少保戶深受重傷，使投資型保單的銷售出現停滯不前的現象。而 2009 年開始，一種由「專家代為操作」的「類全委保單」，成為投資型保險中的新星。然後，投資型保險的買氣才從逐漸回升，隨著大環境改變而屢創新高。

類全委保單

類全委一開始叫全委，後來金管會要求正名為「類全委」。保戶全權委託的對象是基金公司而不是保險公司，為了讓投資大眾不被誤導，金管會在 2012 年已要求各保險公司重新正名，只能用「保險公司委託證券投資信託公司代為運用與管理專設帳簿資產之投資型保險」，重新更名為「類全委保單」。聽到類全委保單，就要知道它是一種投資型保險。

基金的經理人可以直接投資上市櫃公司；而類全委保單的代操機構，只能幫保戶選擇不同的基金。類全委保單操作模式與基金類似，連結類全委標的，由專家規劃投資時機。

專家代操

專家代操就是類全委，是請專業人士代替我們操作投資標的，讓我們有機會獲取更高的投資報酬率。代操當然是有代價的，我們要付出費用。

我們常會聽到代操，但不是每個人都能代操，個人至少需要有「投信投顧業務員」證照，如能擁有「證券商高級業務員」證照和「證券投資分析人員」證照更佳。我個人雖有專業證照，但還是不能以個人名義代操，有證照的專業人士需附著在金管會核准的公司名義下才行。

金管會及投信投顧公會已建置合法經營證券投資顧問或全權委託投資業務之業者名單，建議民眾於委託前可先至網站查詢。民眾如有證券投資顧問或委託專家代客操作進行投資管理的需求，應委託依法得經營特許業務之業者辦理，以保障財產安全。

有下列情事之一者，處 5 年以下有期徒刑，併科新台幣 100 萬元以上 5,000 萬元以下罰金：1.未經主管機關許可，經營證券投資信託業務、證券投資顧問業務、全權委託投資業務或其他應經主管機關核准之業務。2.違反第 16 條第 1 項規定，在中華民國境內從事或代理募集、銷售境外基金（證券投資信託及顧問法，第 107 條），同時還有民事賠償的法律責任。

投顧人員管理規則所稱業務人員，指為申報公司從事下列業務之人員：1.對有價證券、證券相關商品或其他經金融監督管理委員會（以下簡稱金管會）核准項目之投資或交易有關事項，提供分析意見或推介建議。2.從事證券投資分析活動、講授或出版。3.辦理全權委託投資有關業務之研究分析、投資決策或買賣執行。4.對全權委託投資業務或證券投資顧問業務，為推廣或招攬。5.辦理境外基金之募集、銷售及私募。6.內部稽核。7.法令遵循。8.主辦會計。9.辦理其他經核准之業務。（中華民國證券投資信託暨顧問商業同業公會證券投資顧問事業人員申報作業辦法，第 4 條）

我個人為了提供財富管理相關知識來服務人群，更積極研究相關法規和投入相當多的時間，陸續考取金融常識、人身保險業務員、產

物保險業務員、外幣、投資型商品、理財規劃、信託、投信投顧法規、證券商高級業務員、投信投顧業務員、AFP（Associate Financial Planner，理財規劃顧問）、期信基金銷售人員、期貨商業務員、CFP（Certified Financial Planner，國際認證高級理財規劃顧問，為國際理財規劃界最高的榮耀），和 CSIA（Certified Securities Investment Analyst，證券投資分析人員，坊間俗稱「證券分析師」），發展另一種專長。這個考證照的時間序，基本上是「由簡入難」，供有興趣轉行的人當參考。我雖然有專業證照，但還是不能以「個人名義」替別人代操，必須加入合格的公司才行。

所以，你聽到的「私人」代操，在台灣全是非法的。非法的代操，賺錢時大概不會有問題；但當賠錢或獲利不如預期時，爭議就出現了，可能要上法院告來告去的，賠了夫人又折兵。所以，一開始觀念正確，找合法合格的代操，才有保障。保險公司找的代操公司，一定是合法的，大家可以安心。

如何掌握投資績效

當我們購買投資型保險後，扣完所有費用後，有錢可以做投資，投資基金或 ETF。

基金或 ETF 的選擇原則如下：
1. 流動性要好
2. 基金或 ETF 規模不能太小
3. 要長期持有（除非你有特別的好理由）
4. 了解風險等級
5. 過往績效表現
6. 投資團隊風評

大家朗朗上口的基金警語如下：「各基金經金管會核准或同意生

效，惟不表示絕無風險。基金經理公司以往之經理績效不保證基金之最低投資收益；基金經理公司除盡善良管理人之注意義務外，不負責本基金之盈虧，亦不保證最低之收益，投資人申購前應詳閱基金公開說明書。」

我們可能沒空或沒有能力去研究投資標的，只好委託專家代操，是一種懶人投資法。既然是懶人投資法，績效就不是我們可以掌握的。要提高代操績效，有待我們努力做功課，至少要找出適合的代操團隊，讓投資績效加分。

要了解代操內容

投資型保險的保單帳戶價值，我們一定要定期追蹤。金管會也要求各保險公司的官網上必須要定期更新資訊，舉富邦人壽官網全委帳戶專區的「富邦人壽委託安聯投信-優享退月提解全權委託投資帳戶」為例：

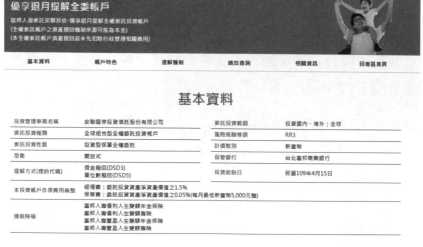

■ 圖 4-4-1 全委基本資料

資料來源

績效查詢

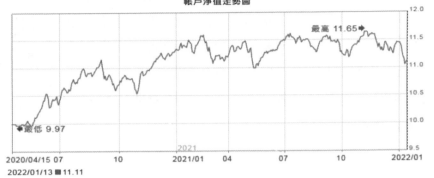

從 2012 ▼ 年 1 ▼ 月 1 ▼ 日 ~ 2022 ▼ 年 1 ▼ 月 15 ▼ 日 查詢
走勢圖（ 前三個月 / 前六個月 / 前一年 / 前三年 / 成立至今 ）
帳戶淨值走勢圖

最高 11.65

最低 9.97

2021

2020/04/15 07   10   2021/01   04   07   10   2022/01
2022/01/13 ■ 11.11

■ 圖 4-4-2 全委績效查詢

資料來源

官網上會出現全委的基本資料、帳戶特色、提解機制、績效查詢和相關資訊等等，訊息量非常豐富。文末，還會有一大段警語。警語隨時隨處都可以看到，表示投資真的有很大的風險。

既然要找專家代操，又要付一大筆代操費用，我們就要了解這個團隊的作為。在網路上先做好功課，才投入資金。如果閉著眼睛就砸錢，那只能祝福好運了。簡單來說，保單帳戶價值就是要自己顧好，投資失利只能怪自己。

金管會研擬在 2022 年第 2 季修改投資型保單連結投資標的規定

一、要設立 3 大禁令：1.是禁止全委帳戶有「目標贖回」設計；2.是禁止投資國內槓桿或反向 ETF（指數股票型基金）；3.是禁止投資非投資等級債券，一律得 BBB ＋以上的投資等級債券。如果上

認識分離帳戶中的投資標的

線，壽險業者認為會讓類主委保單的投資報酬率大降。

二、要修正 3 大亂象：1.壽險業和投信的全委關係錯置；2.類全委帳戶中有「目標贖回設計」，只要到了約定目標報酬，整個帳戶就不再投資，投資組合全部轉換成現金，因業者也沒有提供其他標的供保戶轉換，等於鼓勵保戶贖回，只要保戶一贖回，該保單就結束；3.最熱賣的是「月月配息」，因每月撥回可能來自本金，會讓保戶資產累積打折，投資的複利效果也會消失。

資料來源

CH4-5　認識結構型債券

　　本章節只是為了增加知識含量，看不懂就直接跳過。目前富邦人壽投資型保險沒有這種商品可供選擇，表示商品的複雜度和投資績效大有爭議且已經下架。但我們可能在銀行通路還看的到、買的到，了解一下也不錯。

　　可參考富邦人壽官網➡投資型保險專區➡結構債專區，留下年代久遠但現在已經沒有銷售的結構型債券商品。

資料來源

結構型債券種類

　　保本型結構型債券（Capital Guaranteed Notes）：又稱作參與債券（Participation Notes），本金是以預先決定的特定比率保證歸還（通常是原始投入金額之 95%、97%、100%或 105% ），並將部分或全部的利息拿去購買選擇權，利用選擇權的特色去參與標的資產上漲的好處。

　　高收益型結構型債券（Yield Enhancement Notes；Y.E.N.）：也稱 High Yield Note，依其結構的不同，所隱含的收益率較定存為高，因為投資人通常賣出選擇權而獲取權利金，也由於是賣出選擇權，因此通常為不保本架構。

　　依連結標的：分為連結股權、利率、匯率、一籃子股票、不動產投資信託（REITs）、指數、期貨、商品或公司信用，亦有混合上述標的的形式。風險說明：包含最低收益風險、提前贖回風險、利率風

1

2

3

4

5

認識分離帳戶中的投資標的

155

險、流動性風險、信用風險、匯兌風險、連結標的更動
影響之風險、發行機構行使提前贖回風險、再投資風
險、事件風險、國家風險、交割風險、通貨膨脹風險、
本金轉換風險、閉鎖期風險等等。

資料來源

舉例說明（可參考圖 4-5-1）

1. 保本型結構型債券＝零息債券＋買進選擇權

舉例，拿 100 元去買保本型結構型債券：債券本金 95 元，到期
後債券拿回 100 元；而其中 5 元付權利金買進選擇權。最多損失權
利金 5 元。所以到期至少拿回本金 100 元，如果選擇權有獲利的
話，會拿更多。

2. 高收益型連動債＝零息債券＋賣出選擇權

舉例，拿 100 元去買高收益型結構型債券：債券本金 100 元，
到期後債券拿回 105 元；而賣出選擇權先收 5 元權利金。所以理論
上可以拿回本金 110 元，但如果選擇權損失，可能不保本。

衍生性金融商品複雜難懂，可以參考我的書《從 5000 開始，以
小錢搏大錢》。

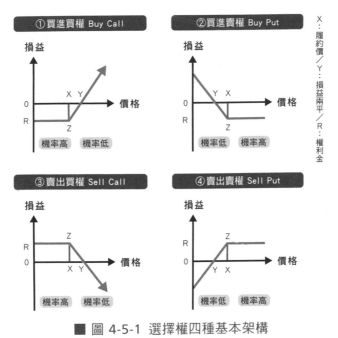

| ①買進買權 Buy Call | ②買進賣權 Buy Put |

X：履約價／Y：損益兩平／R：權利金

■ 圖 4-5-1 選擇權四種基本架構

吳家揚/製圖

3. 安泰人壽外幣計價卓越變額年金保險美元七年期結構型債券投資說明書：

> 連結標的參與率：100%
> 計價幣別：美元(USD)
> 投資期間：7年
> 保單前置費用：最高為總繳保費的3%
> 保單價值回饋：0%
> 滿期與各期配息價值（以下計算基礎為扣除相關費用後淨投入結構型債券之金額）：
> 滿期價值為淨投資金額 ×100%
> 第1個半年配息：6%
> 提前贖回之累積目標配息：6.001%
> 第2個半年配息：
> MAX[0, 10% + 100% × J]，但配息最高 0.001%，累積目標配息上限 6.001%
> 第3~14個半年配息：
> MAX[Variable Coupon Rate $_{t-1}$, 10% + 100% × J]，但累積各期配息最高 0.001%，累積目標配息上限 6.001%
> J = [(Sl$_{ct1}$ / Sl$_{0t1}$ − 1) + (Sl$_{ct2}$ / Sl$_{0t2}$ − 1) + (Sl$_{ct3}$ / Sl$_{0t3}$ − 1)] / 3
> Sl$_{0t1}$：報酬最差之個股(i = 1~15)的期初觀察日的收盤價；Sl$_{ct1}$：報酬最差之個股(i = 1~15)第 t 個觀察日的收盤價；
> Sl$_{0t2}$：報酬次差之個股(i = 1~15)的期初觀察日的收盤價；Sl$_{ct2}$：報酬次差之個股(i = 1~15)第 t 個觀察日的收盤價；
> Sl$_{0t3}$：報酬第三差之個股(i = 1~15)的期初觀察日的收盤價；
> Sl$_{ct3}$：報酬第三差之個股(i = 1~15)第 t 個觀察日的收盤價
> Variable Coupon Rate $_{t-1}$ 為第 t-1 個觀察日之半年配息（即前一期配息）
> 加碼配息：當累積配息首次達到累積目標配息上限 6.001%之年度，另有費加碼配息如下表。

期　別	第2個半年	第3個半年	第4個半年	第5個半年	第6個半年	第7個半年	第8個半年
加碼配息	4%	8%	12%	16%	20%	24%	28%

期　別	第9個半年	第10個半年	第11個半年	第12個半年	第13個半年	第14個半年	
加碼配息	32%	36%	40%	44%	48%	52%	

■ 圖 4-5-2 結構型債券投資說明書

資料來源

➢ 本結構型債券之評等：AAA by Fitch
➢ 結構型債券公式參數說明：
　適用公式：保單條款附件第三種公式
　其中：$T = 14, H = 7, m = 2, t_m = 6$

	1	2	3	4	5	6	7	8	9	10	11	12	13	14
$A_h\%$	6%	10%	10%	10%	10%	10%	10%	10%	10%	10%	10%	10%	10%	10%
$PR_h\%$	0%	100%	100%	100%	100%	100%	100%	100%	100%	100%	100%	100%	100%	100%
$Floor_h$	0%	0%	R_{h-1}	R_{h-1}	R_{h-1}	R_{h-1}	R_{h-1}	R_{h-1}	R_{h-1}	R_{h-1}	R_{h-1}	R_{h-1}	R_{h-1}	R_{h-1}
$AD_h\%$	0%	4%	8%	12%	16%	20%	24%	28%	32%	36%	40%	44%	48%	52%

$Cap_h\% = \infty$

$d_h / D_h = 1$

$Barrier_h = -\infty \sim \infty$

$R_{target} = 6.001\%$

$N = 15$

$W_n^h = 1/3$（取 15 檔連結股票樣的在當次觀察日與期初價比較最差三檔股票之平均報酬率）

$UC_h\% = \infty$

$UF_h\% = -\infty$

■ 圖 4-5-3 結構型債券公式參數說明

資料來源

　　如果有牽涉到選擇權，則會看到自然對數等等非常複雜的公式，和一大堆看不懂的專有名詞。類似 CH3-2 年金現值因子推導一樣，如果年金有非常非常多期接近無限期，你可能會看到∞（無限大）和微積分的符號，但人生有限，只要帶入幾個數字就可以算出來，不必庸人自擾之。同理，結構債這些符號看起來很複雜但其實也不難，只要實際代入一些數字就很容易了解。如果真的看不懂，就不要購買。

補充說明：那些年轟轟烈烈開辦，現在陣亡的人壽保險業務

　　隨著時代法規的推進和銷售量的消長，細數那些年曾「夭折」的壽險新業務，壽險高層憶起近年來曾辛苦爭取，但現在卻悄悄消失或不太行的 10 大業務：1. 針對境外人士開辦的「國際保險業務分公司（OIU）」；2. 勞退保單；3. 優體保單；4. 歐元或日圓保單；5. 自由分紅保單；6. 保單轉換；7. 殯葬保單；8. 體檢保單；9. 連動債保單；10.最低保證給付保單。

資料來源

上述「實物給付型體檢保單」，從 2017 年開賣至今，共賣出 24 張保單，收入保費 175 萬元，2020 年只賣出一張，2021 年全年更是一張都沒有賣出去，真慘。

■ 表 4-5-1 實物給付型保險商品保費收入

（三）初年度保費收入按性質區分（以主要服務類型區分）：

服務類型（註）	110 年 1 至 12 月			109 年 1 至 12 月			差異	
	公司數/商品件數	新契約件數	初年度保費收入	公司數/商品件數	新契約件數	初年度保費收入	新契約件數	初年度保費收入
殯葬服務	5/11	89	148 萬元	5/11	163	311 萬元	−74	−163 萬元
醫療服務	2/19	34,105	62,533 萬元	2/10	32,397	2,964 萬元	+1,708	59,569 萬元
健康管理服務	2/2	0	0 萬元	2/2	1	2 萬元	−1	−2 萬元

註：
1. 殯葬服務：如提供保戶身故後之生命禮儀服務及骨灰塔位之給付等。
2. 醫療服務：如提供相關醫療服務之給付（如：海外醫療專機運送、長期照顧服務）等。
3. 健康管理服務：如保戶可選擇保險公司所提供指定醫療院所健康檢查等相關促進健康之服務等。

資料來源：金管會 2022/01/24 新聞稿

資料來源

而所謂的「連動債保單」，則是投資型保險的一種，連結標的是國外金融機構所發行的結構型商品，且以外幣計價，例如：新台幣保單連結澳元計價結構型商品。

認識分離帳戶中的投資標的

第 5 章

投保實務

購買投資型人壽保險要知道的事

在 2026 年元旦要接軌 IFRS17 號公報的前提下，近幾年金管會的監管力道逐漸加強。預定利率往下調、加上死亡保障對應保價金最低門檻及利率變動型商品宣告利率平穩機制實施後，導致儲蓄險風光不再。許多客戶思考是否應透過購買投資型保險，達成自己財務規劃的目標。

近幾年因為保險預定利率調降，大多數傳統型保險保費高漲，投資型保險買氣回升。令人捏一把冷汗的是，許多人以為自己買了「投資型保險」會發大財，但卻對實際內容"霧沙沙"，特別提醒大家購買投資型保險之前，一定要弄懂投資型保險的運作原理，才有機會讓荷包順利長大。

關於投資型人壽保險的關鍵問題一定要親身弄懂，不能一昧盡信銀行理專或保險業務員的說法，切記「羊毛出在羊身上」，規避風險與提高效益這些事情還是得靠自己。再次強調，看不懂就不要買，不符合自己的需求也不要買，以避免自己受傷。

投資型人壽保險的理賠模式

投資型人壽保險主要可分為甲型（A 型）和乙型（B 型）。甲型的身故理賠金額是保單分離帳戶價值和一般帳戶投保的保額「兩者取其大」，保險成本會隨著危險成本和保單帳戶價值而變化，可參考 CH2-4。乙型的身故理賠金額是保單投資帳戶價值和一般帳戶投保的保額「兩者相加」，保險成本只隨著危險成本變化，不隨保單帳戶價

值而變化，可參考 CH2-3。乙型總收取保費比甲型高，所以理賠金額也較高。本章節舉例的保險，假設都是在最低比率規範上線之前購買的保險，不受最低規範限制。

舉例：志明投保基本保額 800 萬元，年繳保費 18 萬元。假設第 1 年進到分離帳戶為 7.2 萬元，因投資得當，保單帳戶價值變為 10 萬元，當年度事故身亡時，保險公司理賠多少錢？

A：甲型 800 萬元，乙型 810 萬元。

假設保單帳戶價值有 100 萬元，當年度發生事故身亡時，保險公司理賠：甲型 800 萬元，乙型 900 萬元。

如果保單帳戶價值有 900 萬元已大於保額，當年度發生事故身亡時，保險公司理賠：甲型 900 萬元，也就是自己的錢；而乙型為 1,700 萬元。

投資型人壽保險購買目的和保額轉換

1. 第一階段（30 歲到 65 歲）需要高保障：投資型人壽保險可以輕易做到 1,000 萬元保障，如果 65 歲決定結束保單，就將它視為「定期壽險」。越年輕投保，平均保費越便宜，且女性比男性便宜。

假設我們 30 歲或更早就購買投資型保單，到 65 歲結算保單的總費用，會比在同樣年紀時，購買同樣保額和同樣繳款期限的定期壽險和終身壽險費用低。

1,000 萬壽險保額如果是買傳統型終身壽險，保費會非常昂貴，是有錢人才付得起的；一般人甚至連便宜的定期壽險的保費都可能負

擔不起。這階段，我們有很大的家庭責任，可以利用投資型人壽保險的特性投保高額壽險，至少可以讓財務上更安心。高保障且低保費，也將省下來的保費做更好的運用。

2. 第二階段（65 歲以後）轉換為最低壽險保額：保單帳戶價值可當儲蓄帳戶。

年輕時保險成本相對很便宜，年紀大時就非常貴，保險成本費率是自然費率而非平準費率，意思是保費會隨年紀增加而變多。過 65 歲之後，保險成本迅速增加更明顯，要因時制宜調整保額，降低保險成本這項保險相關費用的殺傷力。

65 歲以後，可以將它從以保障為主，調整改變為儲蓄目的。投資型人壽保險中的保單帳戶價值，是高齡者財富移轉的良好工具，善用保險遺產免稅額度，在財富管理上達到最優效益。

試算保單第一階段平均保費

從 CH2-3 和 CH2-4 的範例和試算，你可以輕鬆的拿起任何一張投資型人壽保險，來計算出保險成本。這裡就直接拿「101 安泰人壽靈活理財變額保險甲乙型」危險保額來計算保險成本，以每年每百萬元保額為單位，計算每單位要多少保費：

> 舉例：小明 30 歲投保基本保額 800 萬元的甲型壽險，分離帳戶一直維持 40 萬元，到 105 歲保單期滿結束時，76 年要花 38,269,697 元，平均成本每年每百萬保費約 62,944 元。但如果只投保到 70 歲，41 年只花 1,946,584 元，平均成本每年每百萬保費 5,935 元。但如果只投保到 60 歲，31 年只花 817,754 元，平均成本每年每百萬保費 3,297 元。

舉例：志明 30 歲投保保額 800 萬元的甲型壽險，分離帳戶一直維持 200 萬元，到 105 歲保單期滿結束時，76 年要花 30,232,119 元，平均成本每年每百萬保費約 49,724 元。但如果只投保到 70 歲，41 年只花 1,547,134 元，平均成本每年每百萬保費約 4,719 元。但如果只投保到 60 歲，31 年只花 653,427 元，平均成本每年每百萬保費約 2,635 元。

由此可知，在同樣條件下：在甲型的分離帳戶中總金額越大，平均保費也越低。如果長期投資績效良好，會進一步降低保費的平均成本。但如果長期投資績效很差，保險甚至會失效而提早結束。

投資型保險中的投資績效，要看個人投資功力或專家代操績效，與保險公司無關。

和「基富通」定期壽險比較保費

基富通「好好退休準備平台」的保險專區，2021/09/23 正式上線，目前有提供 3 種保障型保險商品：重大疾病險、定期壽險和小額終身壽險。定期壽險，目前有 9 家保險公司參與，且定期壽險的保額最高只到 600 萬元，投保年齡只能從 20 歲到 70 歲。如果要更長時間或更高保額的定期壽險，就要到各家保險公司投保。

資料來源

依據「保險業辦理電子商務應注意事項」，網路投保人身保險商品應符合下列要件：1.要保人與被保險人以同一人為限（以自然人憑證註冊或要保人為其七歲以下未成年子女投保旅行平安保險者不在此限）。2.具行為能力。3.身故受益人以直系血親、配偶或法定繼承人為限。

舉例：王小明生日 1992/01/01，保險年齡 30 歲，投保「富邦人壽 e 定幸福定期壽險」，最高保額 450 萬元，投保到 70 歲，年繳保費 21,645 元，每年每百萬元保費為 4810 元（=21,645/4.5）。

圖 5-1-1 保費試算

資料來源

基富通的保費，已經是所有保險公司中最便宜了，試算結果定期險 4,810 元仍比投資型人壽保險的 4,719 元稍貴一些，但基富通的定期險限制很多。如果投資型人壽保險從 10 歲就開始投保（我幫女兒於 2007/09/05 投保，當時 6 歲），保費就會非常非常便宜，因為年紀輕危險保額很低，若再加上投資績效良好，整體「高保障但低保費」的效果就會更明顯。

讓保單第二階段只收管理費

第二階段起，家庭責任降低，可將壽險保障降到最低。最低保額

可能是 10 萬元或 30 萬元，可降低保險成本這項保險相關費用的殺傷力。當分離帳戶中的錢大於基本保額時，甲型就不需要扣除任何保險成本，每月只要付 100 元維護費用就可以。乙型可以不用體檢就轉換成甲型，但甲型轉換成乙型需要體檢過關才行，因為乙型的保障比甲型多。這時就用來累積財富，可當私房錢或傳承給下一代。

既然分離帳戶受信託法規範，基金相關費用也少不了。可以隨時變更保額和彈性繳費，定期定額或單筆投入皆可。一般而言，可以投資基金或投資外幣等不同標的且可轉換，一年內轉換 6 次免手續費；每月分離帳戶維護費用 100 元；可投資和轉換的標的，依每張保單而不同。

每月分離帳戶月結單的內容有投資標的、幣別、單位數、基金淨值、匯率、外幣或台幣結餘、帳戶總價值（台幣）、保險成本和維護費用等訊息可供參考。如果你是保守型的人，分離帳戶中的錢全部是貨幣也行，不須承擔任何投資風險。如果是台幣，也不需要承受匯率風險，只是長期而言，會錯失投資標的長期成長的機會。

大大提醒

1. 不宜附加附約

投資型保險每個月固定的保險成本和維持費用，都是從保單帳戶價值內扣，當投資績效差時，分離帳戶內的錢不夠扣時，保險會提早失效。這險種也不宜附加附約，否則主約失效，附約也失效。65 歲已達退休年紀，我們將投資型人壽保險視為「定期壽險」，定期壽險主約失效對保戶不會造成太大影響，但若連附約醫療保險也失效，就令人擔憂了。

2. 了解商品本質和成本

投資型人壽保險雖然兼具保險與投資性質，但是它的本質是保險

商品，過度強調投資功能與投資報酬率會誤導消費者。當投資人購買投資型人壽保險要掌握：購買目的、要保人年齡、相關的成本費用和投資績效等要點。

3. 善用分離帳戶

投資型保險可機動調整保額和保費，且分離帳戶內的資金可靈活運用，進而創造出適合人生各階段的需求。投資效益與風險的估算及相關安排，需要專業知識，透過值得信賴的 CFP（國際認證高級理財規劃顧問）或 CSIA（證券分析師），像我這樣的專業人士，可以讓投資事半功倍。

4.「買基金送保險」沒這回事

「買基金，送保險，反正保險不用錢，買到賺到」錯！許多人因為相信行銷話術，而糊里糊塗買了投資型保險。投資型人壽保險顧名思義就是「保險」，只是它連結基金或外幣等投資，購買投資型人壽保險毫無疑問的就是購買保險。保險是有成本的，也都是由保戶自行負擔，並非無償送給保戶。

金融主管單位已經三令五申「買基金送保險」這樣的說法違法，不過，市面上仍有銷售人員走偏鋒，而誤導保戶陷入投資風險。現在這種說法，已經減少很多了。

5. 投資與保障目標大不同

既能投資又有保障，是投資型人壽保險一大誘因，保戶要清楚主要需求為何？如果首要目標是高保額壽險保障，對年輕族群而言，投資型人壽保險的保費比定期壽險及終身壽險相對便宜，是適合的標的，但對「高齡」被保險人來說，保費高昂並不划算。

如果是儲蓄為目標，投資型人壽保險的「保費費用和保險相關費用」也不少，錢在這裡就白花了。這時，可考慮不需要保險成本、具儲蓄性質的投資型年金保險。簡要而言，釐清購買目標，挑對險種，才能符合需求。

6. 投資型人壽保險應與年齡速配

購買投資型人壽保險年齡是一大關鍵，前面提過投資型人壽保險因為保費比傳統定期壽險及終身壽險相對便宜；如果在 65 歲法定退休年紀之前，可以將它視為「定期壽險」來規劃高額保障，會比傳統的定期壽險和終身壽險便宜許多。但 65 歲之後保險成本迅速增加，從保險的觀點來看，不符合成本效益。因此購買投資型人壽保險者，隨年齡增加時要在適當時機，因時制宜調整保額，降低保險成本這項保費的殺傷力，將它從以保障為主要目的調整改變為以儲蓄目的為主。

投資型人壽保險 DIY

我們可以自己設計投資型人壽保險：「1.買一張定期壽險或終身壽險；然後 2.到銀行或投信定期定額或單筆買基金做投資」，這是不具投資型保險商品招攬資格或不懂投資型人壽保險的人會告訴你的事。讓「投資歸投資，保險歸保險」，基金投資績效和保險各自獨立，彼此不干擾，不是很好嗎？這樣的考慮並不全然對，最主要的考量還是我們的「投保」動機，和選擇這個「工具」的目的為何？

所有工具都有優缺點，了解並利用優點才是我們想要的。分開買的優點是兩者獨立，不會有互相干擾的問題，缺點是高保額壽險的保費很貴，一般人負擔不起。我們利用它的特點，可以在年輕時買投資型人壽保險，達到我們要的高保額保障的目的。而時間到了，就 let it go 吧！

購買投資型人壽保險注意事項

金融消費評議中心表示，「投資型保險」很容易發生糾紛：1.業務員會以「保證獲利」為由向保戶招攬；2.大多民眾不知道投資型人壽保險的保險成本有多高，最後可能無力給付保險金；3.投保時未確實了解商品，只是覺得會發大財。

我們都知道，投資型保險不保證獲利，所以要注意業務員的資格和行銷話術。投資型人壽保險的保險成本很高，尤其是對高齡長者不利。還有投資標的選擇，也攸關保險的存活。本章節，就來補充之前還沒提到的注意事項。

要注意業務員資格和能力

銷售投資型保險商品的業務員資格，首先要具備「人身保險業務員登錄證」。而登錄證上會有授權範圍：1.解釋保險商品內容及保險單條款。2.說明填寫要保書注意事項。3.轉送要保文件及保險單。登錄證也會有招攬險種：一般人身保險（包括人壽、健康、傷害及年金保險）。而其他記載：「具投資型保險商品招攬資格」和「具銷售外幣收付非投資型保險商品資格」，因為投資型保險中的投資標的常牽涉到外幣計價。

以前常見許多投資型保險的承攬人員，並非保單上寫的業務員名字，因為自己沒證照，後來也常引起糾紛。現在這種情形比較少見了，但保險業務員有能力解釋保險內容，包含保險各種成本和費用還有投資情境的人，真是少之又少，只有極少數人有能力幫保戶投資理財。因為常有爭議，所以現在保險業的業務員賣投資型保險的人也相

1

2

3

4

5

投保實務

對減少許多，主力依然在銀行端。保險業務員也要主動出示「人身保險業務員登錄證」、「具投資型保險商品招攬資格」和「具銷售外幣收付非投資型保險商品資格」。

許多商品都需要花非常非常多的時間去解釋給客戶聽和計算給客戶看的，這些都包含在 DM 或保單條款或商品說明書之中。如果你有任何一個字或任何一個數字看不懂，要搞清楚，才不會影響權益，例如：年金保險的累積期和年金給付計算，或投資型人壽保險的收費方式，還有投資型保險的投資風險和投資報酬率預估等等。讓客戶懂了，業務員的專業度才能取信於客戶。但現在多的是 30 分鐘就被 CLOSE 的保戶，很多都搞不清楚就簽名購買了，日後衍生出一大堆問題，甚至求助無門。

高保額投資型保單需要體檢通過才能買

高保額的投資型人壽保單，需要體檢，體檢通過才能保。例如我 2007/08/08 買的「安泰人壽靈活理財變額保險甲型」保額 900 萬元，就需要體檢。我太太 2007/09/05 買的「安泰人壽靈活理財變額保險乙型」保額 500 萬元，就不用體檢。

大約 9 年前金管會就規定，保險 VIP 大戶，每次不管購買甚麼保險，都要提供「財務核保」或/和「生存調查」，若不通過，也不能購買。這個規定就造成我很大的困擾，因為早已超過額度，每次要加買個小保險，也要問東問西和提供一大堆文件證明，即使保費不高。

金管會一方面是擔心保戶資金來路不明，準備幹壞事，例如詐騙或洗錢；另一方面則憂慮保戶將來付不起保費，保單會失效。為了降低風險，保險公司會針對買很多保險的客戶，進行財務核保及生存調查，以確保上述情況不會發生。

長者購買投資型保險的注意事項

金管會宣布從 2019/01/01 起，70 歲以上長者，購買投資型保險時，保險業務員需要全程需錄影或錄音才能購買，且紀錄需保存至保單有效期限結束後 5 年。因為有許多 70 歲以上的高齡者，購買投資型保險後，子女卻投訴長輩是被保險業者騙了。許多業務員在推投資型保險時，常常會利用「保本」、「高報酬率」甚至強調「未來會繼續賺錢」等話術，讓長輩誤把投資型保險當作是一本萬利的理財工具，導致糾紛不斷。2020/10/06 改為 65 歲，要全程需錄影或錄音才能購買。

用房貸買保險有限制

近年來因買高額保險來規避遺產稅的事件越來越多，還有政府的打房策略，金管會規定房貸時要填寫目的（例如：資金周轉）。如果目的與用途不同，金資流向後來被查到不同（例如：買房或買保險），就會被要求重新填寫貸款目的，貸款利率就會變高。

房屋貸款基本上不能用來買房或買保險，如要買保險，貸款時間至少要間隔 3 個月以上。若用在資金周轉被查到和房子有關，剩餘的貸款額度也會被取消，最好房貸先轉出原貸款銀行，然後轉入非貸款銀行（最好是郵局，和銀行監理法規不同，郵局行員不會問東問西），先製造現金流斷點（主要是行員會問東問西，且銀行之間轉帳很容易被稽核到），然後再轉往目的金融機構，這樣做會比較安全。

補充說明

- 保險業招攬及核保作業控管自律規範，第 9 條：
各會員應根據被保險人之年齡、財務收入狀況、同業累計保險金

額及其他衡量風險指標，訂定進行財務核保之標準。符合下列情形之一者，各會員應採行財務核保作業：1.同一被保險人累計其他同業之人壽保險（含投資型人壽保險）及傷害保險（不含旅行平安保險）投保金額（不含躉繳型保單）超過被保險人家庭年收入之 20 倍。2.同一被保險人累計其他同業年繳化保險費（不含躉繳型保單）支出超過被保險人家庭年收入之 30%（一年期傷害保險、健康保險、旅行平安保險除外）。3.同一被保險人累積同一公司人壽保險投保金額 1,001 萬元以上。4.同一被保險人累積同一公司傷害保險 1,001 萬元以上。5.同一被保險人累積同一公司旅行平安保險 2,001 萬元以上。6.同一被保險人累積同一公司人壽保險及傷害保險有效保額達 1,501 萬元以上。7.同一被保險人累積保險業人壽保險及傷害險有效保額達 2,501 萬元以上。

➡提供額外的財務資料，例如不動產證明。

• 保險業招攬及核保作業控管自律規範，第 10 條：

符合下列條件之一者，保險業應進行生調作業：1.同一被保險人累積同一公司人壽保險投保金額 1,001 萬元以上。2.同一被保險人累積同一公司傷害保險 1,001 萬元以上。3.同一被保險人累積同一公司旅行平安保險 2,001 萬元以上。4.同一被保險人累積同一公司人壽保險及傷害保險有效保額達 1,501 萬元以上。5.同一被保險人累積保險業人壽保險及傷害險有效保額達 2,501 萬元以上。

➡生調就是公司再派出一個內勤核保人員或另一個被授權的保險業務員，再來煩你一次。不外乎看你的外觀或精神狀態，住宅外觀或職業場所，再問你一次投保動機和是否有能力繳款之類的問題。

• 投資型保險商品銷售應注意事項，第 6 條：

保險業銷售本商品予客戶應考量適合度，並應注意避免銷售風險

過高、結構過於複雜之商品。但有客觀事實證明客戶有相當專業認識及風險承擔能力者，不在此限。

　　保險業銷售本商品予 65 歲以上之客戶，應經客戶同意後將銷售過程以錄音或錄影方式保留紀錄，或以電子設備留存相關作業過程之軌跡，並應由適當之單位或主管人員進行覆審，確認客戶辦理本商品交易之適當性後，始得承保。前項銷售過程所保留之錄音或錄影紀錄，或所留存之軌跡至少應包括下列事項，且應保存至保險契約期滿後 5 年或未承保確定之日起 5 年：1.招攬之業務員出示其合格登錄證，說明其所屬公司及獲授權招攬投資型保險商品。2.告知保戶其購買之商品類型為投資型保險商品、保險公司名稱及招攬人員與保險公司之關係、繳費年期、繳費金額、保單相關費用（包括保險成本等保險費用）及其收取方式。3.說明商品重要條款內容、投資風險、除外責任、建議書內容及保險商品說明書重要內容。4.說明契約撤銷之權利。5.詢問客戶是否瞭解每年必需繳交之保費及在較差情境下之可能損失金額，並確認客戶是否可負擔保費及承受損失。

　　第 2 項錄音、錄影或以電子設備辦理之方式，由中華民國人壽保險商業同業公會訂定，並報主管機關備查。

　　保險業銷售本商品係連結結構型商品時，應遵守下列事項：1.須採適當方式區分及確認要保人屬專業投資人或非專業投資人。但本商品非以專業投資人為銷售對象者不在此限。2.須就非專業投資人之年齡、對本商品相關知識、投資經驗、財產狀況、交易目的及商品理解等要素，綜合評估其風險承受能力，依程度高低至少區分為 3 個等級，並請要保人簽名確認。

　　保險業就本商品繳交保險費之資金來源為解約、貸款或保險單借款之客戶，應另指派非銷售通路之人員，於銷售本商品後且同意承保前，再以電話訪問告知下列事項，並應保留電訪錄音紀錄備供查核，

且應保存至保險契約期滿後 5 年或未承保確定之日起 5 年：1.對於繳交保險費之資金來源為貸款或保險單借款之客戶，向其明確告知其因財務槓桿操作方式所將面臨之相關風險，以及最大可能損失金額。2.對於繳交保險費之資金來源為解約之客戶，向其明確告知其因終止契約後再投保所產生之保險契約相關權益損失情形。

投資型人壽保險得附加一年期附約

投資型人壽保險得附加一年期附約，但投資型年金保險不得附加附約，這在保險 DM 上會註明也很容易看到。

投資型人壽保險主約建議書

舉例：王小明生日 1992/01/01，保險年齡 30 歲，以富邦信用卡年繳保費：

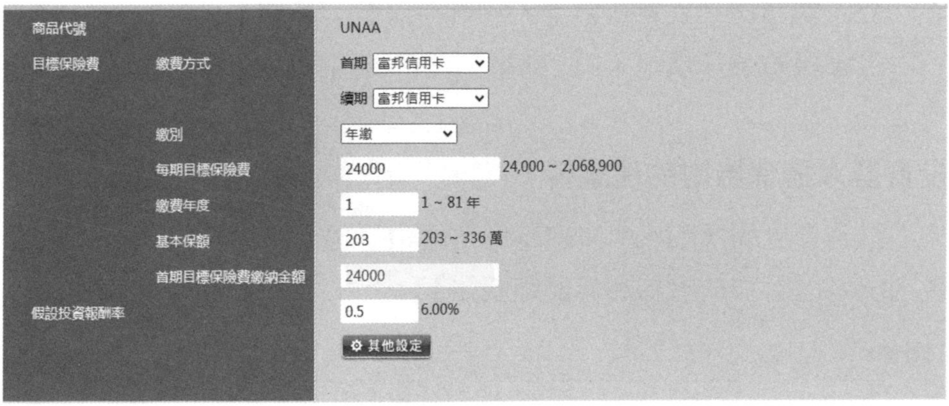

商品代號　　　　　　　　　　　UNAA
目標保險費　繳費方式　　首期　富邦信用卡
　　　　　　　　　　　續期　富邦信用卡

　　　　　　繳別　　　　年繳
　　　　　　每期目標保險費　24000　　24,000 ~ 2,068,900
　　　　　　繳費年度　　　1　　　1 ~ 81 年
　　　　　　基本保額　　　203　　203 ~ 336 萬
　　　　　　首期目標保險費繳納全額　24000
假設投資報酬率　　　　　0.5　　6.00%
　　　　　　⚙ 其他設定

■ 圖 5-3-1 投資型人壽保險主約建議書
資料來源：富邦人壽主約建議書

建議書的內容很紮實，就是之前我們學過的警語、注意事項、風險揭露、投資報酬率預估、各種費用、保險費率表等等，一再重複出現，這時候自己要有能力試算和解讀。

投保規則

各投保年齡之最低及最高「基本保額」的限制：

1. 在「15 歲（含）之前的這個級距」，最低投保倍數和最高投保倍數都是同一固定數字。

2. 在「16~70 歲的這個級距」，最低投保倍數和最高投保倍數，都有一個範圍，年紀越大範圍越小。

3. 在「71~80 歲的這個級距」，最低投保倍數和最高投保倍數都是同一固定數字，比「15 歲（含）之前的這個級距」的數字小很多。

4. 在「81~85 歲的這個級距」，最低投保倍數和最高投保倍數都是同一個固定數字，比「71~80 歲的這個級距」的數字小更多。

5. 不論年紀，女性倍數都大於男性倍數，範圍也大許多。

每家保險公司規定不同，建議書就可看出「基本保額」限制範圍。

投資型人壽保險附約建議書

以富邦人壽 UNAA 主約為例，建議書經過系統檢核後，最後就會列出可以附加的附約和保額範圍如下：

附約　收合

	王小名
11R 超安心失能健康保險附約	☑ 10 10 ~ 500 萬
ADE 平安寶意外傷害	☑ 30 30 ~ 2,000 萬
OMR 平安寶意外傷害	☑ 3 3 ~ 30 萬
AHI 日額型意外住院醫療	☑ 5 5 ~ 20 單位
HSKD 全心住院醫療	☑ 1 單位
UAR 日日安心住院醫療	☑ 500 500 ~ 3,000 元
UCR 醫樣安心重大疾病	☑ 10 10 ~ 200 萬

■ 圖 5-3-2 投資型人壽保險附約建議書

資料來源：富邦人壽附約建議書

可以附加之附約

就和一般壽險保險附約一樣，只要特別注意主約不要失效就好。

> 富邦人壽一年定期超安心失能健康保險附約（11R）到 75 歲
> 富邦人壽平安寶意外傷害暨兒童傷害失能保險附約（ADE）到 75 歲
> 富邦人壽平安寶意外傷害暨兒童傷害失能保險附約（意外傷害醫療保
> 險給付附加條款）（一般型）（OMR）到 75 歲
> 富邦人壽日額型意外傷害住院醫療保險附約（AHI）到 75 歲
> 富邦人壽全心一年期住院醫療健康保險附約（HSKD）到 74 歲
> 富邦人壽日日安心一年期住院醫療健康保險附約（UAR）到 75 歲
> 富邦人壽醫樣安心重大疾病一年定期健康保險附約（UCR）到 70 歲

基本上附約已經包含住院日額、意外、失能、實支實付、重大疾病，只缺癌症險，最基本的保障都已經涵蓋了，這些附約最高可以續保到 75 歲。如果你沒有特別的預算另買一張傳統型壽險主約，只要好好控制投資型人壽保險主約的保單帳戶價值，若有機會可以撐到 75 歲，到時候就算主約失效，附約到期，也應該夠本了。

附約也會詳細說明保險內容、費用和注意事項等等。因為本書的重點在於投資型人壽保險主約，而附約就是和傳統人壽保險都一模一樣，所以不在本書討論範圍之內，有需要補充說明的讀者，可以參考我書《最強保險搭配法則》。

附約注意事項

投資型保險可以附加附約但要注意，主約有效附約才有效，如果主約失效，附約也跟著就失效了。

主約保費是自然費率，隨年紀越大而越高，而保險成本和「危險保額」和「基本保額」都有關。大於 65 歲的年長者，必須隨時注意

保單帳戶價值，必要時調降保額以確保主約有效性。

這些附約的保費是每年另外扣款的，和主約不同，並不是從保單帳戶價值內扣。每張保險可以附加的附約或保額可能不相同，甚至有些公司投資型保險的附約可以從保單帳戶價值內扣，投保時保險條款要看清楚。

補充說明：第 6 回經驗生命表

人壽保險是承保被保險人在特定期間內的死亡風險，能否準確估算被保險人在約定期間內的死亡機率，來制訂適當的保險費，壽險業者便發展出生命表編制的精算科學。

第 5 回經驗生命表自 2012/07/01 發布施行，有鑑於近年政府致力於公共衛生改善，以及醫療技術進步下，我國國民之死亡率不斷下降，壽命持續延長，金管會與保險事業發展中心（簡稱保發中心）修訂新版的壽險業「第 6 回經驗生命表」，並於 2021/07/01 正式上路。

第 6 回經驗生命表上線後，保險費用呈現幾家歡樂幾家愁。如果保險給付時間因長壽而延後的險種，讓保險公司有更多的時間去投資者，保費會下降，例如人壽保險；如果保險給付總金額會因壽命延長會增加的，保費會增加，例如失能扶助險、住院醫療險、重大疾病險或手術險等健康保險；而意外險，不受第 6 回經驗生命表的影響。但實際保險商品的保費調漲或調降，由各保險公司精算決定。

投資型人壽保險的一般帳戶，是保險公司負責的，會受到第 6 回經驗生命表的影響。而投資型保險的分離帳戶，不管是人壽保險或年金保險，則不受影響，因為保單帳戶價值是自己要負責的。對於投資

型人壽保險的一般帳戶，我們不會知道影響多大，但保費之一的保險成本，應該已經考慮第 6 回經驗生命表了。

第 6 回經驗生命表是基於國民「死亡率不斷下降」和「壽命持續延長」，而訂定的。壽命延長造成的長壽風險，還有 QE 後遺症的通膨風險，表示我們未來退休金將增加。投資型保險分離帳戶內的保單帳戶價值，如果投資績效良好，也可以貢獻一些退休金。

壽命延長後，老年醫療費用將隨之增加，長期看護費用也可能增加。住院醫療保險（實支實付和日額給付）、癌症建康保險、失能（扶助）保險、長期看護保險、豁免保險費附約等等的保險費也會增加。如果投資型壽險保單有附加相關附約，這些保險費用都要一起考慮。

用投資型年金保險來操作月配息非投資等級債券基金，可增加收益

「每月固定配息，穩穩賺，安心領。」投資型年金險商品以穩定配息，吸引「風險趨避者」如退休族群，但真的就穩領月配息沒有風險嗎？錯！投資型保險和所有的投資一樣，有賺有賠，仍有投資風險的考量。

從資產規劃的角度，非投資等級債券基金仍可以是資產配置的一環。如果在適當工具操作非投資等級債券基金，可以運用基金轉換的方式，組合出最佳配對，提升投資報酬率。

利用保險賺更多

投資之前，都可以先利用歷史資料來模擬試算，待有把握後再投入資金。面對非投資等級債券基金淨值下跌困境，透過投資方式的調整，以基金的配對轉換即有機會提高投資報酬率。

從投資型年金保險非投資等級債券基金月配息實際案例中，說明基金 A 和基金 B 互相轉換來操作，來提高投資報酬率。有興趣的讀者，可以參考我的書《從 5000 開始，以小錢搏大錢》。要提醒的是，此做法追求相對報酬而非絕對報酬，各種投資工具都會有相關的成本，找到有利的條件才能做。

進行轉換時要注意配息基準日，最好轉換前先去看一下或詢問相關公司，避免留在舊的或錯誤的訊息中。雖然有時候會來不及配息，但如果基金的淨值下降太快，還是要轉到別的標的，會比較安全。

額外的好處

要清楚自己購買的目的，此定期基金轉換方法有機會創造額外的報酬。月配型的好處是落袋為安，是單利，適合退休人士或每個月都需要錢的人。累積型的好處是複利，適合可以長時間持有的人。

投資型保險有每年有 6 次免費的轉換，超過 6 次時，每轉換一次手續費 500 元，直接從基金淨值中扣除。基金轉換費用會影響報酬率，各家保單相關費用或有差異，事前要確認清楚。

基金用保險買的好處：1.節省遺產稅（大多數人用不到）；2.終生轉換標的的總成本降低很多（一般人不會算）。

雖然投資型年金保險有保險費用（2%~5%），可能比銀行高。但銀行的申購手續費用「股票型基金每次 3%和債券型基金每次 1.5%（還有 VIP 或通路折扣）」，或許還有「後收費用」。但一生要買 ABC 三家以上不同公司的基金，總費用就比保險高很多。

任何月配息基金都可以這樣做

任何月配息的基金，可從其中挑選進行配對。透過公開資訊即可研判，哪些基金適合轉換。可模擬試算個人有興趣之標的，透過此方式試算，如果投資報酬率不如預期時要找出原因，調整投資組合標的，重新再配對試算，找出最適方案。

月配息適合每個月期望有現金流入的族群，但此配息金額仍會隨著匯率、基金公司配息政策和投資績效而變化，另外因為每月配息金額已經配到保單之外，配息金額在投資型保單中損失「再投資」機會。而資本利得是淨值波動，會隨市場環境、違約率和投資人心情而有劇烈變化。

投資非投資等級債券基金債基金或任何基金要不要選擇配息？應該視個人的投資理財目標而定。如選擇沒有配息的基金，目標是要追求淨值的長期成長，從而賺取資本利得。要特別注意，因為特性不同，沒有配息的基金不適合高頻率轉換。

但金管會打算在 2022 年第 2 季，也就是保險不得再投資所謂的非投資等級債券基金（CH4-3）。如果未來的投資標的中都沒有非投資等級債券基金，只好找其他「高月配息的基金」去配對做轉換，來提高報酬率。

購買前要先想清楚

「每月固定配息」讓人聽起來很穩當，要是要注意，基金配息並不代表保證保本或保證獲利，如果配息無法抵銷淨值虧損，總報酬率是負值，也就是處於虧損的狀態。你固定領到的配息，其實是自己投入的錢，本金則在虧蝕中。而投資績效不如預期時，基金公司也會減少月配息金額。

除了投資績效、稅務及債權等考量，投資型年金險保險中的基金，和銀行或投信購買的基金一樣，該繳的費用，一樣都不會少。保險提前解約時，也會有相關的違約金或解約金產生。保單 DM 中也會提醒稅務的問題和相關費用，購買前應詳細了解。購買時要謹慎思考個人的財務條件及目的，如此才能真正達到最佳效益。

實例說明

我的「富邦人壽真多利變額年金保險」，新契約 2014/07/28 成立，投入 400 萬元買非投資等級債券基金，然後在 2015/01/29 再投入 100 萬元。我知道許多人和我有同樣作法，只是月配息的標的不

同，投資績效就差很多。我的投資績效算不錯了，因為我會去關心投資績效和重新尋找標的。

但如果是用相同基金作轉換呢？績效還是有差但不會差太多，因為每個人轉換的時間不同，轉換時的基金淨值也不同。

購買這張保險 7 年多來，每隔一年或兩年，就會來個大震盪大屠殺，每次震幅 15%~30%，為期 2 個月到半年，然後從低點回到原來起跌點，然後持續創新高到今。最近一次是在 2020 年 3 月武漢肺炎席捲全球，造成股市大跌，非投資等級債券基金的淨值也大減。許多保戶並沒有堅持繼續作轉換，結果一年多過去了，有些人還停留在其中一檔基金，投資報酬率-15%~-25%，真慘。而我撐過了每次的危機，且持續作轉換，投資績效 12.6%（結算至 2022/01/20）。我有時每個月會轉 3 次，月配息配 3 次，如果轉換時間允許的話。我建議家人和朋友轉換 2 次就好，轉換 2 次的投報率，目前看起來比 3 次好，2015/04/01 投保的保單，在每個月固定轉換 2 次的情境下，投報率為 18.9%（結算至 2021/01/20）。進場點台幣換美元大約 30：1，現在約 27.8：1，升值約 7%。若台幣維持不變，獲利可以再提高 7%，這個損失就是匯率風險。

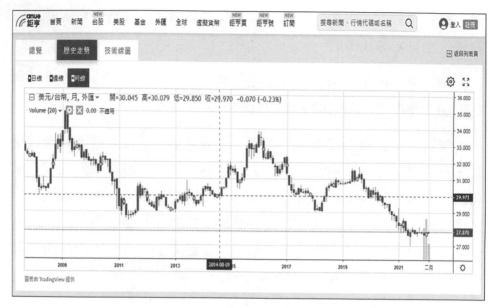

■ 圖 5-5-1 美元/台幣匯率趨勢圖
資料來源：聚亨網

　　投資績效 12.6%不高，但相對突出。我這筆錢是房貸借來的，當時並沒有特別管制用房貸不可以買保險這種事，房貸利率每年平均不到 1.5%。7 年多 12.6%的投資報酬率，平均每年 1.7%，大於貸款利率，我很滿意，相當於是無息貸款。因為我每月的月配息，並不是花掉，而是去投入 3%~4%的保險，穩穩套利，長期將錢存起來。錢借的越多，套利的金額也越大，也越划算。雖然在這張保險損失複利效果，但將這些錢投到更穩健的保險商品，複利效果將在其他地方出現。但要注意要有能力還銀行本息，避免房子被法拍。

網路辦事好方便

　　現代人，通常使用網路搞定大小事。有購買保險的人，第一次就應該到保險公司臨櫃辦理來開啟網路功能，像銀行或證券開戶一樣。雖然 25 年前個人電腦才開始普及，15 年前網路世界才成我們日常生活的一部分，但我很難想像沒有電腦和網路的世界會變成甚麼樣子，回不去了。

　　許多年長者，到現在還是很排斥這些「新玩意」。但如果你要常常變更投資型保險中的投資標的，還要透過業務員送件，不僅不具時間效益也可能會「沒有朋友」。因為業務員對你會避之唯恐不及，這只是浪費他們的時間，而不能增加他們收入。

　　網路功能啟動後，就可以辦理很多事。

登錄保戶會員專區

　　你可以看到許多功能，像是保單內容、投資型保單專區等等。每個頁面點進去之後，又有許多查詢或變更功能。有空可以自己玩一玩並熟悉它的功能，如果有任何疑問，就打電話詢問客服人員。

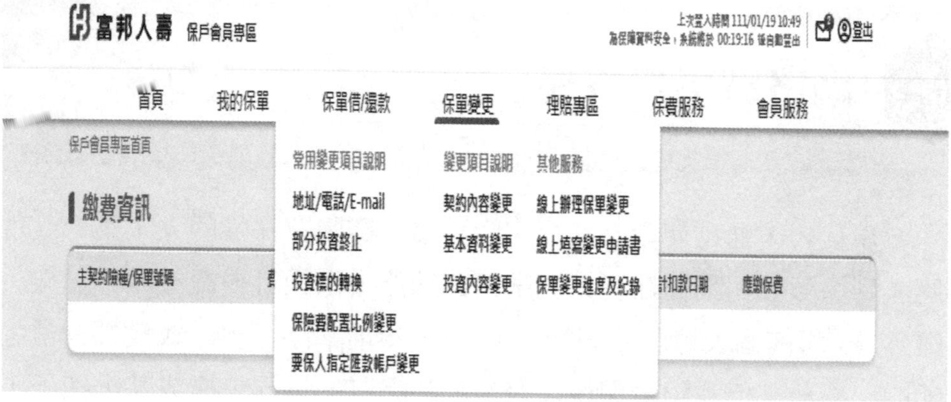

■ 圖 5-5-1 保戶會員專區
資料來源：富邦人壽

舉例：2007/08/08 我購買的「安泰人壽靈活理財變額保險甲型」保額 900 萬元，累計還原報酬率約 28%。進場點台幣換美元大約 33：1，現在約 27.8：1，升值約 15.8%。若台幣維持不變，獲利可以再提高 15.8%，這個損失就是匯率風險。

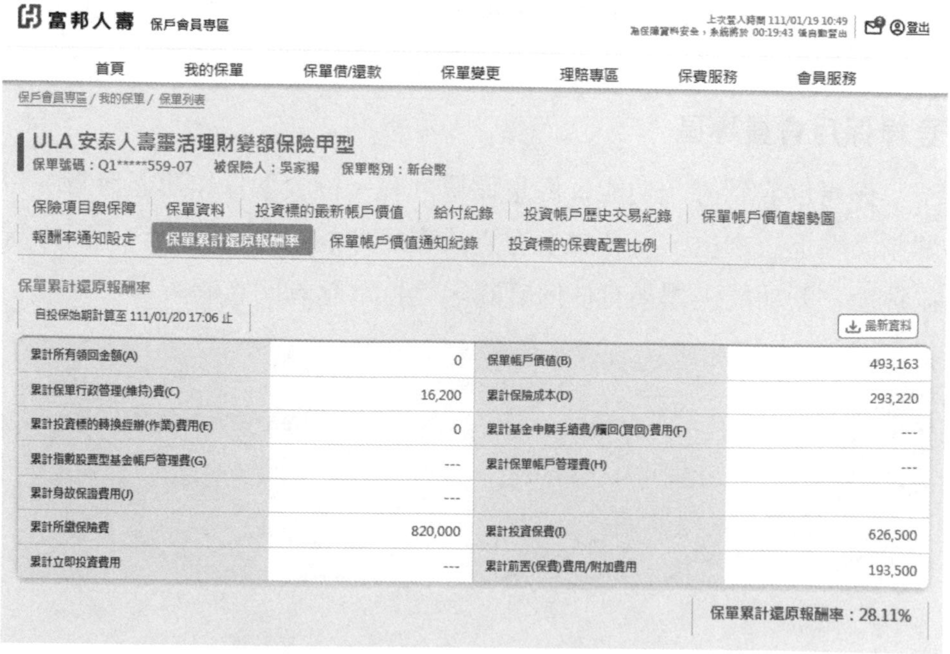

■ 圖 5-5-2ULA 保險累計還原報酬率
資料來源：富邦人壽

➡2007/8/8~2022/01/20（38 歲到 52.5 歲）,14.5 年的所有總繳保險費用＝16,100＋293,220＋193,500＝502,820 元。

➡平均保費＝502,820/14.5（年）/9（百萬保額）＝3853 元/每年每百萬保額

➡累計還原報酬率＝（（493,163＋16,200＋293,220）/626500-1）×100%＝28.11%

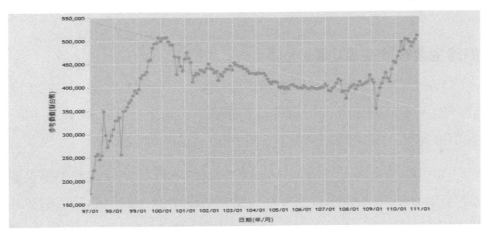

■ 圖 5-5-3 ULA 保單帳戶價值趨勢圖
資料來源：富邦人壽

投保前幾年，目標保險費和超額保費不斷地繳費，總共繳了 82 萬元，然後就不繳錢了，初期保單帳戶價值也越來越高。這張保險的目的是維持高保額，因為我是經濟來源的一家之主，家庭責任重大，當時目標設定這張保險至少要維持到 70 歲才能失效。如果能維持適當的投資報酬率之下，到 70 歲時，保單帳戶價值至少還有一塊錢，那就太圓滿也可以「壽終正寢」了。平均保費變成：820,000/32（年）/9（百萬保額）＝2,847 元/每年每百萬保額。

投資績效提高，讓保單帳戶價值提高，也可以用來抵銷年紀增長，保險成本逐年提高的殺傷力。投資標的以長期投資為主，因為長期投資的績效通常比短期績效好。我很久才換標的一次，主要是投資績效不好才換。目前看起來，這個投資標的的組合的投資報酬率，我算

滿意，雖然還有進步空間。

而我太太 2007/09/05 買的「安泰人壽靈活理財變額保險乙型」保額 500 萬元，累計還原報酬率約 37%。主要是女性的保險成本較低，保單帳戶有較多的金錢可以投資，所以長期績效較好。進場點台幣換美元大約 33：1，現在約 27.8：1，升值約 15.8%。若台幣維持不變，獲利可以再提高 15.8%，這個損失就是匯率風險。

網路主要在於交易功能

我的「富邦人壽真多利變額年金保險」，新契約 2014/07/28 成立，投入 400 萬元買非投資等級債券基金，然後在 2015/01/29 再投入 100 萬元。到目前完全還本 500 萬元，並獲利 12.6%。

對這張投資型年金保險 VABT 的認知，目的和投資型人壽保險 ULA 完全不同。VABT 主要在於基金轉換功能，以短期、月配型、非投資等級債券基金為標的，來得到「額外的投資報酬」。雖然在這張保險損失複利效果，但將這些錢投到更穩健的保險商品，複利效果將在其他保單出現。

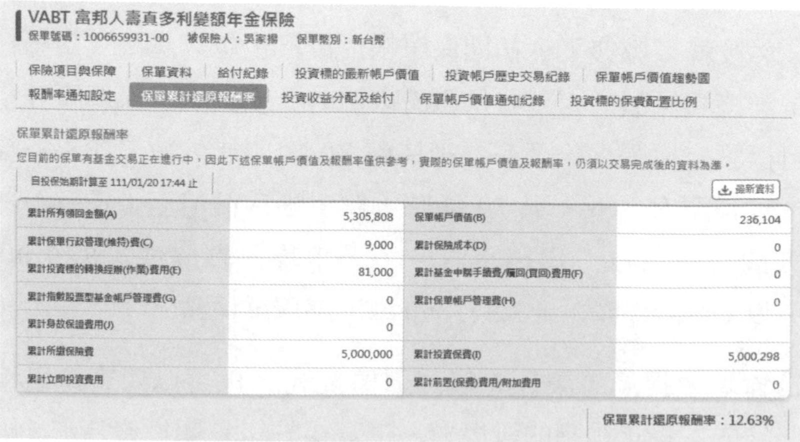
VABT 富邦人壽真多利變額年金保險
保單號碼：1006659931-00　被保險人：吳家揚　保單幣別：新台幣

保險項目與保障｜保單資料｜給付紀錄｜投資標的最新帳戶價值｜投資帳戶歷史交易紀錄｜保單帳戶價值趨勢圖
報酬率通知設定｜保單累計還原報酬率｜投資收益分配及給付｜保單帳戶價值通知紀錄｜投資標的保費配置比例

保單累計還原報酬率

您目前的保單有基金交易正在進行中，因此下述保單帳戶價值及報酬率僅供參考，實際的保單帳戶價值及報酬率，仍須以交易完成後的資料為準。

自投保始期計算至 111/01/20 17:44 止

最新資料

累計所有領回金額(A)	5,305,808	保單帳戶價值(B)	236,104
累計保單行政管理(維持)費(C)	9,000	累計保險成本(D)	0
累計投資標的轉換經辦(作業)費用(E)	81,000	累計基金申購手續費/贖回(買回)費用(F)	0
累計指數股票型基金帳戶管理費(G)	0	累計保單帳戶管理費(H)	0
累計身故保證費用(J)	0		
累計所繳保險費	5,000,000	累計投資保費(I)	5,000,298
累計立即投資費用	0	累計前置(保費)費用/附加費用	0

保單累計還原報酬率：12.63%

■ 圖 5-5-4 VABT 保險累計還原報酬率

資料來源：富邦人壽

■ 圖 5-5-5 VABT 保單帳戶價值趨勢圖

資料來源：富邦人壽

每次基金交易，最後總是會跳出「高收益債券基金風險預告書」，來提醒投資風險，很人性化。

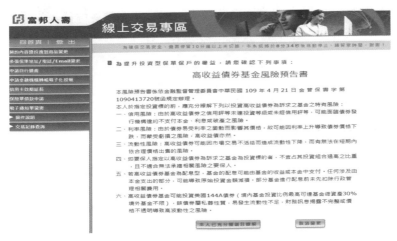

■ 圖 5-5-6 風險預告書

資料來源：富邦人壽

風險屬性測驗，一段時間會做一次，不管在銀行或保險公司或證券商或任何金融機構。我們也不用特別去記得多做一次，反正系統或金融保險機構會通知我們。風險屬性測驗，只有幾個問題，1 分鐘之內大概可以做完，然後得到一個分數和屬性。如果屬性屬於保守型，就不能買積極型的商品。如果保守型的人一定要購買積極型商品，必須重做測驗，直到達到標準才行。如果時間到，你都不想重做測驗，

1

那帳戶就會被「凍結」，直到做完測驗為止。

網路也可以查詢「投資型保險的海外所得證明」，很方便

所得幣別：新台幣

	所得類別	收入總額	必要成本及費用	所得額
保單號碼：1006659931-00 保單險種：VABT 契約始期：103/07/28 保單幣別：NTD	海外利息所得	322,699	0	322,699
保單號碼：1006659931-00 保單險種：VABT 契約始期：103/07/28 保單幣別：NTD	海外財產交易所得	57,178,622	57,161,156	17,466

海外所得小計	收入總額	必要成本及費用	所得額
海外利息所得	322,699	0	322,699
海外財產交易所得	57,178,622	57,161,156	17,466

■ 圖 5-5-7 投資型保險海外所得證明查詢（所得年度民國 108）
資料來源：富邦人壽

補充說明：

一位女姓，投保年齡 42 歲，年繳保費 20,468 元。投保 20 年 ××人壽 XTG 定期壽險，保額 280 萬元。

我的 ULA 平均保費 3,853 元／每年每百萬保額。若保額為 280 萬元，則年繳保費為 3,8538×2.8=10,788 元。

而同年齡的男性壽險保費至少比女性多 20%以上。

假設這位女姓也另外購買基金，和我UAL選購的基金相同，所以投資報酬率也會相同。

結論：「買一張投資型人壽保險」與「分開買一張定期（或終生）壽險和基金」來做比較。越年輕時買且投資績效越好，投資型人壽保險中的保費會遠低於定期險（或終生險）。

這就是投資型人壽保險「高保額低保費」的特性。也是眾多的優點之一。

投資型保險 PK 儲蓄險和年金保險

本書主要在介紹投資型保單，相信讀者也有一定程度的了解了。但或許心裡還有一點小疑問，就是投資型保險和儲蓄險還有年金保險的投資報酬率，到底是哪個比較好？在回答這個問題之前，我們來了解儲蓄險（生存保險）的投資報酬率怎麼算？特別聲明一下，台灣的保險中並沒有「儲蓄險」這種東西，正確的名稱是「人壽保險或生存保險」。

台幣計價保單零利率的時代來臨了

2020 年是動盪的一年，武漢肺炎和油價暴跌，造成全世界央行降息和印鈔票來救市。台灣狀況比較特殊，除了降息的因素之外，還多一個 2026 年元旦台灣保險業要接軌 IFRS17 報公報的衝擊。

金管會保險局為確保壽險業者穩健經營，並使新契約之準備金負債能適時反映市場利率，已研議完成 2020/07/01 起適用之壽險業新台幣、美元、澳幣、歐元及人民幣等幣別的新契約責任準備金適用之利率調整案，將循程序發布。

摘錄部分資料如下表所示：

■ 表 J-b-1 保單適用之責任準備金率

繳費期間6年(含)以上保單適用之責任準備金利率(J)				
負債存續期間(D)	D<=6	6<D<=10	10<D<20	D>=20
新台幣	0.75%	1.00%	1.25%	1.50%
美元	1.00%	1.25%	1.50%	1.75%
繳費期間4年及5年保單適用之責任準備金利率(J - 0.25%)				
負債存續期間(D)	D<=6	6<D<=10	10<D<20	D>=20
新台幣	0.50%	0.75%	1.00%	1.25%
美元	0.75%	1.00%	1.25%	1.50%
繳費期間3年(含)以下保單適用之責任準備金利率(J - 0.75%)				
負債存續期間(D)	D<=6	6<D<=10	10<D<20	D>=20
新台幣	0.00%	0.25%	0.50%	0.75%
美元	0.25%	0.50%	0.75%	1.00%

吳家揚/製表

資料來源

美元保險買氣佳

　　台幣保險竟然比銀行更早來到零利率！既然短年期的台幣儲蓄保險保單沒搞頭，如果是保守型或不會投資的人，只好買一些美元保險，尤其是「美元利率變動型」保險。

　　「美元利率變動型」保險。利率變動型保險的特性為：「當市場處在升息循環，保單有機會調高宣告利率，讓保戶有更多收益；當市場處在降息循環，保單有機會調降宣告利率，讓保戶減少收益，但下限就是預定利率。」亦即，最差的情況，利率變動型的地板可能等於傳統型的天花板。2020 年 3 月武漢肺炎大爆發後，美國無限制

QE，造成美元大貶，台幣大升，美元保險買氣大增。

金管會 2022/01/25 新聞稿公布：

■ 表 5-6-2 外幣保險商品業務概況

外幣保險商品	110年1月至11月	增減率	109年1月至11月
投資型	新臺幣2,634.66億元	97%	新臺幣1,339.54億元
傳統型	新臺幣2,835.72億元	-11%	新臺幣3,173.17億元
總計	新臺幣5,470.38億元	21%	新臺幣4,512.71億元

資料來源

■ 表 5-6-3 美元保險商品業務概況

美元保險商品	110年1月至11月	增減率	109年1月至11月
投資型	92.09億美元	114%	43.05億美元
傳統型	101.59億美元	-7%	109.25億美元
總計	193.68億美元	27%	152.30億美元

資料來源

如何評價儲蓄險？

　　儲蓄險評估三大要素：所繳保費、累計領回金額及解約金，可以計算出「解約報酬率」。個人研究出一套儲蓄險評價的「說法」，依照下列三步驟可以自行分析保單。這雖然不是標準的 IRR 計算方式，但簡單易懂，知道要不要繼續擁有這張儲蓄保險，可以利用保單中「解約金、減額繳清和展期保險」這張表來試算。（見表 5-6-4）

年度	開始	保費 (yearly)	保費 (totally)	累積領回	保單年度	年度末生存、期滿保證金	年度末解約金	身故	解約報酬率
101	1011226	3893	3893	0	1	0	1799	3972	46.21%
104	1011226	3893	15572	0	4	0	11690	15888	75.07%
105	1011226	3893	19465	0	5	0	15221	19860	78.20%
106	1011226	3893	23358	0	6	0	25040	23832	107.20%
107	1011226	close	23358	0	7	0	26045	30000	111.50%
116	1011226	close	23358	0	16	0	35428	48800	151.67%
120	1011226	close	23358	0	20	0	40588	58000	173.76%
121	1011226	close	23358	0	21	0	41988	60400	179.76%
122	1011226	close	23358	0	22	0	43434	62800	185.95%
123	1011226	close	23358	0	23	0	44929	65200	192.35%
124	1011226	close	23358	0	24	0	46472	67600	198.96%
125	1011226	close	23358	0	25	0	48066	70200	205.78%
126	1011226	close	23358	0	26	0	49711	72800	212.82%
127	1011226	close	23358	0	27	0	51409	75400	220.09%
201	1011226	close	23358	0	101	0	359000	359000	

吳家揚/製表

如何做儲蓄險評價：

1. 要自己製作解約報酬率，定義等於（累計領回＋年度末解約金）÷總繳保費。

2. 查表得出解約報酬率＝2 的年度。

3. 用 72 法則（就是將 72 當作分子，報酬率當作分母，得到的結果就是『本金翻倍需要的年數』）求解年化報酬率。

舉例：民國 101 年買的「XX 人壽外幣增額終身壽險」，是標準的純儲蓄險（沒有壽險成分）：年繳保費 3893 美元，繳期 6 年，預定利率 3.25%，保單到民國 201 年終止。同樣的評估條件方式下，查表解約報酬率＝2 的年度為約為 24，依 72 法則：72÷24＝3，此保單 24 年後解約，每年投資報酬率約為 3%複利。

原則上，越是以公司不會倒為訴求的公股銀行或郵局所推出的儲蓄保險保單，條件通常較差，多比較就可以得知結果。生死合險的 IRR 僅供參考，其他險種算 IRR 沒有意義。如果想看更多的實例，可以參考我的書《從 5000 開始，以小錢搏大錢》。

了解保險的預定利率跟宣告利率

預定利率跟宣告利率，像銀行「固定利率」跟「機動利率」的概念。預定利率就是固定利率，無論市場利率如何波動，契約成立時利率就固定了。除了儲蓄保險之外的險種，都是預定利率，也是保險精算的變數之一。

近幾年的儲蓄險多半有宣告利率的設計，保險公司官網每個月會宣告保險的宣告利率。宣告利率就是機動利率，會隨著市場利率波動。

美元利率變動型保險相對優

如果一定要購買儲蓄險，選擇利率變動型保險是建議的險種。利

率變動型保險的增值回饋分享金＝（宣告利率-預定利率）×期末保單價值準備金。保單推出的時候預定利率和保單價值準備金已經確定，宣告利率由保險公司官網每月宣告。

舉例：50 歲的富先生投保「富邦人壽智富盈家外幣利率變動型終身壽險（FAJ）」保額 100 萬美元，繳費 2 年，年繳保險費 276,000 美元（假設首、續期以轉帳繳費，並符合高保額折扣條件，共可享 2%保費折減，保費折減後之實繳年繳保險費為 270,480 美元）。（假設保單生效日為 111/01/22）。這張保險 DM 上寫的預定利率為 1.25%，宣告利率目前為 3.2%。

■ 表 5-6-5 利率變動型購買增額繳清保險金

範例說明 50歲的富先生投保「富邦人壽智富盈家外幣利率變動型終身壽險」保額100萬美元，繳費2年，年繳保險費276,000美元(假設首、續期以轉帳繳費，並符合高保額折扣條件，共可享2%保費折減，保費折減後之實繳年繳保險費為270,480美元)。(假設保單生效日為111/01/22)

情況一 若富先生選擇每年增值回饋分享金之給付方式皆為「購買增額繳清保險金額」。

單位：美元

保單年度	保險年齡	年度末身故保險金/完全失能保險金(A)	年度末保單現金價值(解約金)	年度末累計增額繳清保險金額(預估值)	年度末增額繳清保險金額身故保險金-完全失能保險金(B)(預估值)	年度末增額繳清保險金額保單現金價值(解約金)(預估值)
1	50	320,400	170,200	8,699	6,247	3,905
2	51	590,100	408,500	28,371	16,742	12,878
3	52	596,900	422,400	48,425	28,905	22,232
4	53	985,000	439,400	68,870	67,837	31,853
5	54	970,200	452,000	89,713	87,040	41,807
6	55	955,700	464,600	110,964	106,049	52,076
7	56	941,300	472,600	132,629	124,844	62,681
8	57	927,200	475,900	154,718	143,455	73,631
9	58	913,300	479,100	177,237	161,871	84,915
10	59	899,600	482,200	200,194	180,095	96,534
20	69	773,400	508,000	455,895	352,590	231,595
30	79	664,900	516,700	766,069	509,360	395,828
50	99	552,000	533,500	1,598,727	882,498	852,921
61	110	552,000	552,000	2,152,363	1,222,038	1,222,038

資料來源：富邦人壽智富盈家外幣利率變動型終身壽險 DM

DM 上還欠缺一個數據，叫做「期末保單價值準備金」，就可以算出各保單年度之增值回饋分享金和解約金。既然公開訊息沒有提供，我在此也不提供。但是這些數據，在投保時可以要求業務員提供給你並算給你看，如果業務員不會算，那你就要換另一個會算的業務

員。計算沒有很難，但很麻煩，只是業務員用不用心去學而已。

保單只會出現預定利率，金額固定的這張表。宣告利率金額不固定，這張表不會出現在保單之中。但一段時間，保險公司會寄通知單給你，告訴你現在累積的增值回饋分享金總共是多少錢。

利率變動型保險的評價方式也一樣，用上述方式找出對自己最有利的保險。

儲蓄險和年金保險適合做退休規劃

強烈建議，要購買儲蓄險之前，要花些時間弄懂儲蓄險的設計原則，再配合個人的需求找出最適合自己的產品。下單前要先釐清楚：1. 購買目的？2. 有多少預算？3. 該筆金額動用時機？

儲蓄險有「還本型」和「增額型」兩大種類。還本型是定期以生存金，返還給保戶，是「單利」概念。而增額型不返還生存金，是「複利」的概念。最近幾年，保險公司又新推出「利率變動型」，市面上有：還本型終身壽險、增額型終身壽險、還本利率變動型終身壽險、增額利率變動型終身壽險等四大類儲蓄險，又有台幣、人民幣、美元、澳幣等等外幣計價的保險。

儲蓄險以長時間儲蓄為主，通常建議可以放 20 年以上的閒錢，才放進來保險公司。所以保險必須長期持有，以退休規劃目的為主最適合。雖然儲蓄險長期持有可保本保息或許勉強抗通膨，但年輕人或資產不夠雄厚者，買儲蓄險前要多盤算，並以增額利率變動型美元保險為主。

繳費期限分為躉繳、2 年、3 年、4 年、6 年（最普遍）、10 年、15 年到 20 年期都有，保單在繳費期滿之前或在繳費期滿不久解約，通常都會賠錢或不划算。

傳統型年金保險固定投入保險費，再加上利息（預定利率），累積期的保單帳戶價值會越來越高，金額固定且容易計算出來。利率變動型，累積期的保單帳戶價值也會越來越高（因為預定利率），但金額不固定（再加上宣告利率會隨時調整）也不容易精算出來。

　　年金保險「保單帳戶價值和年金給付」的預估值，如果業務員不會算，那你就要換另一個會算的業務員。

投資型保險適合可以承受風險的人

　　投資型保險包含投資型人壽保險和投資型年金保險，越是年輕或本錢不夠多的人，長期逐漸投入資金進入投資型保險中，透過投資基金可逐步累積保單帳戶價值。當然投資不保證賺錢，要能忍受波動且選對基金，自己要勤做功課。若自己對投資沒把握，和有投資賺錢能力的顧問合作，長期而言，累積本利和的速度會比儲蓄保險和年金保險更快。

　　如果是「懶人」，會考慮買「類全委」，就是將保單帳戶價值全部交由投信專家代操。投資人希望長期可以賺到錢，但專家績效如何？則是因人而異。

　　投資型保險的費用，如果業務員不會算，那你就要換另一個會算的業務員。投資型保險的投資標的風險和報酬，如果業務員搞不清楚，那你就要換另一個頭腦清楚的業務員。

「類定存」和「類全委」和「年金保險」好夯，下單前要三思

　　「儲蓄險」俗稱「類定存保單」，「投資型保險」俗稱「類全委保單」，與「年金保險」是目前受歡迎的險種。事實上他們有著迥然的本質上差異，適合的對象也不盡相同，要買到符合自己需求的保

險，有必要更進一步了解商品的內涵。購買前要視個人的條件斟酌，才能尋得適合自己的產品。

儲蓄險，就是存多少錢領多少錢，不多也不少，活愈久領越多；是依據保單的解約金、保單價值準備金、完全失能或死亡來給付。年金保險，可賺可賠；活超過平均餘命者，活愈久越領多越賺錢，短命者會賠錢並不划算。投資型保險的保單帳戶價值，由自己負責。

台灣保險滲透率幾乎是世界最高，但人身保障卻很低，因為台灣人就是愛「類定存保單」和「類全委保單」。銀行理專、保險公司業務員、郵局行員、保經保代、券商營業員，大家的主力產品都是類定存和類全委，尤其是「月配息」的。

「類定存保單」若保費收入成長太快，保險公司投資績效不佳，會有利差損風險；「類全委保單」若銷售不當，會引發消費糾紛。慎選保險公司和理財顧問，自己也要做功課，很重要。

儲蓄險、年金保險和投資型保險，各有適合的族群，各有其優點與限制。雖然已經談過很多次，但還是要再次提醒讀者，商品沒有絕對的好與壞，而是適合自己與否，弄清自己的需求是最重要的。做好資產配置的標的和比重，才能讓資產穩定增加。

台灣廣廈國際出版集團
Taiwan Mansion International Group

國家圖書館出版品預行編目（CIP）資料

投資型保險最重要的大小事：從保障到投資！本書完整剖析投
資型保險的原理及相關知識，讓你超越保險業務員和銀行理專
，做出最利己的理財規劃/吳家揚著，
-- 初版. -- 新北市：財經傳訊, 2022.04
　面；　公分. --（view;51）
ISBN 9786269560196（平裝）
投資保險組合

563.7　　　　　　　　　　　　　　　　　　111002563

財經傳訊
TIME & MONEY

投資型保險最重要的大小事：

從保障到投資！本書完整剖析投資型保險的原理及相關知識，讓你超越保險業務
員和銀行理專，做出最利己的理財規劃

作　　　者／吳家揚　　　　　編輯中心／第五編輯室
　　　　　　　　　　　　　　編 輯 長／方宗廉
　　　　　　　　　　　　　　封面設計／16 設計
　　　　　　　　　　　　　　製版・印刷・裝訂／東豪・弼聖・秉成

行企研發中心總監／陳冠蒨　　　　　　線上學習中心總監／陳冠蒨
媒體公關組／陳柔彣・綜合業務組／何欣穎　　產品企劃組／黃雅鈴

發 行 人／江媛珍
法 律 顧 問／第一國際法律事務所 余淑杏律師・北辰著作權事務所 蕭雄淋律師
出　　　版／台灣廣廈有聲圖書有限公司
　　　　　　地址：新北市235 中和區中山路二段359 巷7 號2 樓
　　　　　　電話：（886）2-2225-5777・傳真：（886）2-2225-8052

代理印務・全球總經銷／知遠文化事業有限公司
　　　　　　地址：新北市222 深坑區北深路三段155 巷25 號5 樓
　　　　　　電話：（886）2-2664-8800・傳真：（886）2-2664-8801
郵 政 劃 撥／劃撥帳號：18836722
　　　　　　劃撥戶名：知遠文化事業有限公司（※ 單次購書金額未達500元，請另付60元郵資。）

■出版日期：2022年4月
ISBN：9786269560196